La Lanterne de Diogène

DU MÊME AUTEUR

—

La Chanson du Prodigue, poèmes................. 1 vol.

La Coupe de Thulé, poèmes.................... 1 vol.

Scènes Antiques (La Belle au Bois dormant. Nuit d'avril à Céos. Les Raisons d'Elkana, Pygmalion et Daphné)................................ 1 vol.

Les Vaincus. Trilogie (Joseph d'Arimathée. Hypatie. Savonarole)...... .... 2 vol.

Sur la foi des Etoiles, drame................. 1 vol.

GABRIEL TRARIEUX

La Lanterne de Diogène

(Notes sur le Théâtre)

PARIS
LIBRAIRIE MOLIÈRE
28, RUE DE RICHELIEU, 28

Tous droits de reproduction, de traduction et d'analyse réservés pour tous les pays
y compris la Suède, la Norvège, la Hollande et le Danemark.

PRÉFACE

Je me rappelle qu'Henry Becque, à propos d'une des études qui sont incluses dans ce livre, me dit un jour, avec la rudesse de son langage pittoresque : « Ne faites donc jamais de critique. Vous vous ferez étriper vivant. » Le vieux Maître exagérait, j'aime à le croire. Il y a pourtant, je l'avoue, de la part d'un auteur dramatique, quelque impertinence à parler des autres et à faire montre de théories. C'est donner des verges pour qu'on le fouette. Car il serait extraordinaire, — et fâcheux pour lui d'ailleurs — qu'entre son œuvre et son idéal il n'y eût pas une distance accablante.

Si je réunis ces essais, différents de caractère et de ton, qui furent publiés çà et là de 1897 à 1902, c'est qu'ils m'ont aidé à produire. En chacun j'ai mis un effort d'affranchissement, de combat. Ce n'est pas ici de la critique objective. C'est l'histoire d'un esprit qui cherche sa voie. J'ai cru qu'elle pourrait intéresser ceux qui tentent le même voyage.

Tel est le sens du symbole familier que j'ai donné pour titre à ces pages. Le Cynique, autrefois, s'est rendu célèbre en poursuivant avec sa lanterne un homme — qu'il n'a point trouvé. C'est un peu la même folie qui fait errer d'un Maître à l'autre, sa lampe incertaine à la main, chaque Ecolier qui, de vingt à trente, souhaite un modèle où fixer son cœur. Il ne le rencontre pas, c'est fatal. Mais cette enquête n'est point vaine si elle lui enseigne, un beau soir, que la seule manière efficace d'atteindre l'image qu'il rêve, c'est pour chacun, selon ses forces, de la réaliser en soi.

O. T.

I

LA MISSION DE L'ARTISTE

LA LANTERNE DE DIOGÈNE

I

LA MISSION DE L'ARTISTE [1]

ALFRED DE VIGNY

> « Concentre-toi ou meurs! »
> (MICHELET.)

MESDAMES, MESSIEURS,

Est-il une « Mission de l'Artiste » ? Le type d'homme que nous nommons de ce beau nom a-t-il, parmi les autres hommes, une tâche et un rôle distincts qui n'appartiennent qu'à lui seul ? Et, s'il

(1) Conférence faite à *l'Art et la Vie*, en février 1897.

en est ainsi, quels sont cette tâche et ce rôle ? C'est la question dont je viens vous parler. — Je ne m'excuserai pas de l'avoir choisie, si spéciale ou si ambitieuse qu'elle puisse paraître. Si vous êtes jeunes, en effet, ou si vous vous souvenez de l'avoir été, pour peu que les soucis de vos affaires et de vos intérêts quotidiens n'aient pu tout à fait détourner de vous le rêve et ce grand inconnu, l'idéal, vous êtes artistes à quelque degré. Il existe, en tout cas, des artistes, donc un rapport entre eux et vous. Quant à nous, jeunes gens en quête de nous-mêmes, qui venons vous entretenir, sans doute un peu bien hardiment, de nos pensées et de nos espoirs, soucieux de faire s'accorder entre elles les conditions présentes du monde et l'exigence de nos cœurs, il nous faut bien nous attaquer aux seules causes décisives, et nous formuler une foi.

Est-il une mission de l'artiste ? S'il fallait en croire la doctrine trop célèbre pendant un temps sous l'enseigne de l'Art pour l'Art, la réponse serait bientôt faite, et vous la connaissez déjà. Vous avez ouï dire que l'Artiste était un être tout à part, sans rien de commun avec les hommes. Son rôle, modeste et passif, serait de décrire le monde, de représenter, à son choix, des paysages, des êtres, des formes, sans aucune intervention personnelle, sans passion morale ou sociale, sans même une idée directrice. C'est là ce qu'on n'a pas craint d'appeler le culte de la Beauté pure!... Je ne m'attarderai pas ici à discuter cette doctrine, elle est condamnée aujourd'hui. Elle a pu faire illusion, grâce au prestige de quelques grands noms comme ceux de Théophile Gautier et Gustave Flaubert, merveilleux poètes d'ailleurs et qui se sont démentis eux-mêmes. Encore ont-ils payé chèrement, par la sécheresse de leur œuvre, leur attitude hostile à l'égard du monde, leur isolement des passions humaines dans la tour d'ivoire où ils se cloîtraient. Ce dédain factice n'était conforme ni à la verve généreuse et apostolique du génie français, ni aux désirs de la jeunesse qui s'est levée à la fin du siècle et s'est souvenue de son fier passé. C'est sur des routes plus aventureuses, mais peut-être aussi plus fécondes, qu'elle cherche aujourd'hui la Beauté.

Et voici que d'autres nous offrent de l'Artiste (ou bien du Poète) une image vivante et belle. Ils nous disent : Le Poète est un homme, un homme plus humain que les autres, chez qui toutes les forces de l'âme ont une plus riche floraison. C'est un des Envoyés sublimes par qui la Puissance héroïque se révèle à nous ici-bas. Car c'est Elle qui se manifeste, selon les besoins d'une époque,

en ces êtres acclamés par les âges : l'Apôtre, le Guerrier, le Poète. Ils ont tous même but, même tâche : faire éclater l'Idée divine qui les a choisis pour un temps; leurs moyens d'action, seuls, diffèrent. C'est la thèse illustrée par Carlyle en ce livre glorieux des *Héros* qui mérite de tenir un chapitre dans la Bible de l'humanité. C'est la thèse d'Emerson, de Ruskin, de Tolstoï, de tous ces grands penseurs sincères qui ce sont levés de côté et d'autre pour rappeler au monde moderne les vérités essentielles. La France écoute enfin leur voix. Et nous ne devons pas oublier, n'étant pas riches de tels exemples, que Renan, au sortir de Saint-Sulpice, pendant la pure veillée d'armes où il cherchait à se formuler l'idéal nouveau de l'avenir, écrivait ces lignes admirables, dont plus tard il s'est mal souvenu : « Il y a un grand foyer cen-
« tral où la poésie, la science et la morale sont
« identiques, où savoir, admirer, aimer, sont une
« même chose, où tombent toutes les oppositions,
« où la nature humaine retrouve dans l'identité de
« l'objet la haute harmonie de toutes ses facultés,
« et ce grand acte d'adoration qui résume la ten-
« dance de tout son être vers l'éternel infini. » (*Avenir de la Science*, chap. I.) De quel enthousiasme, Messieurs, a-t-on salué de telles paroles! Elles

nous ont libérés soudain de mille barrières despotiques, pour nous permettre de nous ressaisir dans la plénitude de notre être. J'en appelle encore à votre expérience pour confirmer leur vérité, car vous en savez là-dessus, à condition d'être sincères, aussi long que les sages eux-mêmes, et toutes les théories du monde ne vaudraient pas votre sentiment. Aux heures nobles de la vie, du haut de ces cimes aiguës où convergent toutes les routes qui plus tard vous ont dispersés, n'avez-vous pas éprouvé quelquefois cette ardente unité de votre âme qui se sentait également prête pour l'action, l'amour et la foi? Carlyle et Renan ne veulent pas dire autre chose. Oui, « le Poète qui ne pour- « rait que s'asseoir sur une chaise et composer des « stances ne ferait jamais une stance de grande « valeur. Il ne pourrait chanter le guerrier héroï- « que, si lui-même n'était au moins un guerrier « héroïque aussi… ». On ne saurait trop insister sur cette pensée. L'homme s'exprime tout entier, à toute heure, par son geste, son acte ou son verbe. L'œil assez clairvoyant pour pénétrer notre âme et sonder nos reins retrouverait assurément, aux fibres mêmes de notre œuvre, les secrètes vertus de notre être ou nos secrètes lâchetés. Idée qui se résume en cette forte maxime : « Le caractère fon-

« damental pour un grand homme est cela : que
« l'homme soit grand » (*les Héros*, Conférence III).

Telle est la croyance aujourd'hui dominante,
Messieurs. Répond-elle bien à tous nos désirs?
Non, sans doute, s'il est vrai que la jeunesse d'aujourd'hui soit plus hésitante et plus fiévreuse
qu'elle ne l'a jamais été. D'où lui viennent cette
ardeur et ce trouble? C'est qu'il ne suffit pas de
dire : l'art, l'action, la pensée ont même source,
pour éclairer notre chemin. Nous nous demandons
toujours s'il ne faut choisir (puisque nos forces
sont bornées) entre ces modes attirants de l'activité humaine, et, s'il faut choisir, à quel signe, au
nom de quel principe nous décider. Nous nous demandons si c'est en vain que les siècles ont fixé
ces images : Artiste, Politique, Philosophe, si nulle
réalité durable ne leur correspond aujourd'hui.
Nous nous demandons ce que veut dire le mystère
de ce mot qui tourmente les meilleurs d'entre nous :
Vocation... Et les trois sœurs impérieuses : l'Art,
l'Action et la Pensée pure, sont toujours là, les
lèvres closes, au carrefour de notre route. Pour
vivre, il faut enfin passer!... Nous ne nous décidons pas encore. Nous nous souvenons qu'autrefois, dans Athènes, la cité heureuse, des hommes
ont vécu, dit-on, qui ont été pleinement des hom-

mes, qui ont su chanter et se battre, écrire des
poèmes et tracer un sillon. Nous nous souvenons
de la Renaissance, où l'Artiste, au sortir des cloî-
tres, enivré de la vie reconquise, se mêlait aux joutes
brûlantes des guerres et des religions. Et, plus
près de nous, à l'aube du siècle, n'a-t-on pas vu les
Romantiques prétendre à l'unité de l'homme, et
ne pas séparer leur songe de la marche des peuples
autour d'eux? — Oublierons-nous ces hautes visées? Lorsque toutes les barrières sociales sont
détruites par l'orage incessant, l'heure n'est-elle
pas propice pour affirmer son âme totale, pour se
dégager des entraves? Comment renoncer de nous-
mêmes à l'une des causes qui nous sollicitent, si
nous en sentons la triple beauté?... La question,
vous le voyez, est pressante. Elle peut engager,
égarer une vie. C'est la vieille antithèse opiniâtre
entre l'action et le rêve, dont on peut déplacer les
termes, mais qu'on ne peut pas éviter. Question
éternelle et moderne, puisqu'elle renaît et se transforme avec chaque génération. Elle s'impose à tout
jeune homme, le plus obscur et le plus humble,
doué de quelque ambition sociale. Chacun de nous,
même à son insu, lui donne tôt ou tard une réponse.
Mais c'est l'esquiver, non la résoudre, que de s'en
remettre aux circonstances, à notre instinct et au

destin. Nous ne devons pas laisser au monde le soin de déterminer seul la forme qu'il nous faut emprunter. L'arrogance d'une théorie, en des époques, comme la nôtre, de conscience exaltée, vaut mieux que cet abandon facile. Il importe d'avoir un système et de l'avoir bien éprouvé. C'est une arme dont les âges plus simples pouvaient mieux se passer peut-être : elle devient de bonne guerre quand il faut se frayer une route à travers la forêt confuse des civilisations modernes.

J'ai entrepris, Messieurs, pour nous satisfaire, de consulter d'abord une Vie et une Œuvre, des plus nobles que ce siècle ait produites, celles d'Alfred de Vigny. Rien, ici, vous le voyez, d'une critique proprement littéraire. Il s'agit de recueillir d'un grand mort un exemple et une leçon, et d'en affermir, s'il se peut, notre idéal incertain encore.

I

Alfred de Vigny naquit à Loches le 26 mars 1797, huit ans après Lamartine et cinq ans avant Victor Hugo, — il y a juste un siècle aujourd'hui. Son père, dernier survivant d'une famille nombreuse dispersée par la Révolution, vint, bientôt après sa naissance, s'établir à Paris. De ce Paris, « triste chaos, vieille ville tête d'un vieux corps social », comme il devait le dire plus tard, datent les premières impressions de l'enfant. Il n'entrevoyait la campagne qu'en automne, dans un vieux château de la Beauce, reste de biens héréditaires dont il se récitait les noms. Il en emportait le souvenir de la plaine vaste et déserte, des pluies, de la boue, des vents furieux, et l'image des grandes chasses que son père ne faisait plus. En cette matinée des jours dont la fraîcheur ou la tristesse fait la paix ou le deuil des soirs, il compta peu d'heures joyeuses. Il contracta jeune l'air grave de ceux qui grandissent à l'écart sans comprendre pourquoi. Au lycée, où perçait entre enfants le germe des discordes sociales, il se sentit « d'une race maudite », et cela le rendit fier et pensif, lui causa de ces peines taciturnes « qui jettent une couleur sombre sur tout l'avenir ». Il fit des études distraites par les fanfares de l'empire. Déjà la noblesse lui était apparue comme une grande famille de soldats. Il se crut la vocation militaire. A seize ans il entrait dans les lanciers rouges. Longtemps après il se rappelait, avec un peu de l'émotion première, cette belle ferveur qui, jeune homme, l'avait lancé

sur les grands chemins, ces chemins de Flandre
« qui coupent les plaines jusqu'à l'horizon comme
« une raie jaune sur une toile grise ». Cependant,
les Cent Jours passés, toute alerte s'étant calmée,
ce fut la longue attente sous les armes d'une gloire
toujours plus douteuse, la vie de garnison, l'ennui. Il se mit à écrire pendant ses étapes, fiévreusement, des pages détachées : c'étaient *Héléna* (1822)
où déjà figurait *Moïse*, *Eloa* (1823) qui le ravit jusqu'à l'extase. Dès lors s'affirmait sa vraie nature. Le
passe-temps devint vocation. S'élevant à des visées
plus hautes, il conçut et créa *Cinq-Mars* (1827). Il
était consacré écrivain. Il s'apercevait, un peu tard,
que ses services n'avaient été « qu'une longue mé-
« prise, qu'il avait porté dans une vie toute active
« une nature toute contemplative ». Il quitta l'armée
sans retour. Bientôt après, en 1830, il disait à ses
vieilles croyances un triste et définitif adieu, non
sans une lutte magnanime qui vaut d'être citée ici,
car elle peint l'homme tout entier. Voici un fragment de son journal, du 28 au 29 juillet : « Depuis
« ce matin, on se bat. Les ouvriers sont d'une
« bravoure de Vendéens; les soldats d'un courage
« de garde impériale; Français partout. — Quel est
« mon devoir? Protéger ma mère et ma femme.
« Que suis-je? Capitaine réformé... La cour ne m'a

« rien donné durant mes services. Mes écrits lui
« déplaisaient; elle les trouvait séditieux; Louis XIII
« était peint de façon à me faire dire souvent: Vous
« qui êtes libéral. J'ai reçu des Bourbons un grade
« par ancienneté, au 5ᵉ de la garde, le seul, car
« j'étais lieutenant. Et pourtant, si le roi revient
« aux Tuileries ou si le Dauphin se met à la tête
« des troupes, j'irai me faire tuer avec eux. — Le
« tocsin. — J'ai vu l'incendie de la fenêtre des toits.
« La confusion viendra donc par le feu. Pauvre
« peuple, grand peuple, tout guerrier.

« J'ai préparé mon vieil uniforme. Si le roi ap-
« pelle tous les officiers, j'irai. — Et sa cause est
« mauvaise, il est en enfance, ainsi que toute sa
« famille; en enfance pour notre temps, qu'il ne
« comprend pas. — Pourquoi ai-je senti que je
« me devais à cette mort? Cela est absurde. Il ne
« saura ni mon nom, ni ma fin. Mais mon père,
« quand j'étais encore enfant, me faisait baiser la
« croix de saint Louis, sous l'Empire; supersti-
« tion, superstition politique, sans racine, puérile,
« vieux préjugé de fidélité noble, d'attachement de
« famille, sorte de vasselage, de parenté du serf
« au seigneur. Mais comment ne pas y aller de-
« main matin, s'il nous appelle tous? J'ai servi
« treize ans le roi. Ce mot: le roi, qu'est-ce donc?

« Et quitter ma vieille mère et ma jeune femme
« qui comptent sur moi ! Je les quitterai, c'est bien
« injuste, mais il le faudra.

« La nuit est presque achevée. Encore le canon. »

Et un mois plus tard, sauf encore puisque le roi
n'a point paru, il écrit : « En politique, je n'ai
« plus de cœur. Je ne suis pas fâché qu'on me
« l'ait ôté, il gênait ma tête. Ma tête seule jugera
« dorénavant, et avec sévérité, hélas ! »

En fait, il ne chercha plus désormais un emploi
dans la vie sociale. Il ne voulut tenir sa dignité et
sa raison d'être en ce monde que de l'art sauveur. Il
se concentra fixement dans sa pensée et dans son
œuvre. Il aborda le théâtre à quelques reprises (*La
Maréchale d'Ancre*, 1331. *Chatterton*, 1834). Il con-
signa ses théories d'art dans *Stello* (1832) et ses
souvenirs d'officier dans *Servitude et Grandeur
militaires* (1833). Il fut de l'Académie en 1845, et
l'indépendance de son caractère lui valut à cette
occasion, de la part de M. Molé, une avanie de-
meurée célèbre. Jusqu'à sa mort (1863) un silence
complet suivit. Il vécut tantôt à Paris, dans un
cercle restreint d'amis sûrs, trop ombrageux pour
la vie mondaine, plus souvent en Charente, au
Maine-Giraud, vieille demeure familiale. Il fut
maintes fois attristé par la longue maladie de sa

mère, puis de sa femme, « qu'il soigna trente ans, » et même, quoiqu'il n'en laissât rien percer, par des embarras de fortune. Dans un monde partagé, en effet, « entre ceux qui ont et ceux qui gagnent », il était né dans la première classe et devait vivre dans la deuxième. Il le sentait discrètement. Le livre posthume des *Destinées*, avec le *Journal d'un Poète*, sont les seules marques que nous ayons de son activité pendant cette période.

Telle est cette vie, simple à l'extérieur et « en apparence presque immobile », mais dont il eût pu dire, comme Gœthe, qu'elle était orageuse intérieurement. Elle se résumerait tout entière dans cette épitaphe de Népomucène Lemercier, qu'il a citée en l'admirant : « Il fut homme de bien et cultiva les lettres. » Comment il a compris sa tâche, et ce qu'il en a réalisé, nous allons le voir d'après lui.

II

La philosophie générale d'Alfred de Vigny et sa conception de l'art, telles qu'elles résultent de pages éparses, nous sont données comme solidaires et ne peuvent s'envisager l'une sans l'autre.

Pour Vigny, l'univers est une vaste prison, où l'homme, parqué dans un préau semé de quelques rares fleurs, ne saura jamais d'où il vient ni ce qui l'attend au delà, ni si, peut-être, cette vie n'est pas « un accident sombre entre deux sommeils infinis ». Dans ces conditions le suprême bonheur est d'anéantir l'espérance ; « un désespoir paisible, sans « convulsions de colère et sans reproches au ciel est « la sagesse même. » L'homme n'a qu'à « tresser de « la paille » s'il veut alléger son ennui. Cette morne vision d'un Pascal moderne devant le silence des espaces infinis est ce qu'on appelle couramment le pessimisme d'Alfred de Vigny. Elle donne à toute son œuvre l'accent tragique et le goût amer.

Ce qu'il pense de la Religion, ou plutôt du Catholicisme, vous pouvez bien le pressentir. « Que « nous reste-t-il de sacré? s'écrie-t-il au milieu de sa « vie. Dans le naufrage universel des croyances, « quels débris où se puissent rattacher encore les « mains généreuses? Hors l'amour du bien-être et « du luxe d'un jour, rien ne se voit à la surface de « l'abîme. On croirait que l'égoïsme a tout sub- « mergé ; ceux même qui cherchent à sauver les « âmes et qui plongent avec courage se sentent « prêts à être engloutis. Les chefs des partis poli-

« liques prennent aujourd'hui le Catholicisme
« comme un mot d'ordre et un drapeau ; mais
« quelle foi ont-ils dans ses merveilles et comment
« suivent-ils sa loi dans leur vie? Les artistes le
« mettent en lumière comme une précieuse médail-
« le, et se plongent dans ses dogmes comme dans
« une source épique de poésie; mais combien y en
« a-t-il qui se mettent à genoux dans l'église qu'ils
« décorent? Beaucoup de philosophes embrassent
« sa cause, la plaident, comme des avocats géné-
« reux celle d'un client pauvre et délaissé ; leurs
« écrits et leurs paroles aiment à s'empreindre de
« ses couleurs et de ses formes, leurs livres aiment
« à s'orner de dorures gothiques, leur travail
« entier se plaît à faire serpenter autour de la
« croix le labyrinthe habile de leurs arguments ;
« mais il est rare que cette croix soit à leur côté
« dans la solitude. Les hommes de guerre combat-
« tent et meurent sans presque se souvenir de
« Dieu. Notre siècle sait qu'il en est ainsi, voudrait
« être autrement et ne le peut pas. Il se considère
« d'un œil morne, et aucun autre n'a mieux senti
« combien est malheureux un siècle qui se voit... »

Et une page de son journal (1843), sous la rubri-
que « Croyance et Religion », nous révèle d'une manière plus intime le tour personnel de sa pensée :

« La question, lorsqu'on s'enfonce dans ces cho-
« ses, serait de savoir si on doit se placer au point
« de vue général de l'immensité où nage l'Univers,
« et s'efforcer d'en tirer une sorte de perspective
« prise d'une planète comme Saturne ou Jupiter,
« ou bien si l'on doit se placer au milieu de l'es-
« pèce humaine qui peuple la petite terre, et, de
« là, considérer la religion selon l'utilité qu'elle
« peut avoir comme point d'appui de la morale.
« Le premier point de vue est visiblement le plus
« grand, le plus divin, en ce qu'il n'est inspiré que
« par un amour sacré de la vérité qui élève l'âme
« vers le Créateur et le centre de la création. Le
« second point de vue est le meilleur comme amé-
« lioration de la société humaine, on ne peut le
« contester, et, de ce point de vue, le christianisme
« est jusqu'ici le système dont la vérité serait plus
« désirable que celle de tous les autres systèmes.
« Mais on sent combien la recherche de cet intérêt
« est rétréci et misérable auprès de la recherche de
« la vérité... »

Ainsi la religion est en ruines qui nous eût con-
solés de vivre, et la philosophie religieuse ne nous
apporte ni bonheur ni justice. Que va-t-il nous
rester comme principe de conduite? Quoi, « sinon
l'idée du devoir? » répond Vigny. Et il croit dé-

couvrir dans le sentiment de l'honneur, seul vivant dans les cœurs modernes, une sorte de morale stoïcienne indépendante des dogmes, des temps et des lieux. Il écrit : « Les croyances sont faibles, « mais l'homme est fort », sans se demander si cela est possible, sans se demander si devoir et honneur ne seraient pas une habitude des cœurs façonnés par les vieilles croyances, et s'ils survivront en effet quand ces croyances ne seront plus.

Cependant il faut une foi à ce cœur déchiré et intense que les grandes douleurs de sa vie (la mort de sa mère par exemple) amenèrent presque à prier un Dieu. Il veut la trouver tout entière dans l'idée qu'il se fait de son art, et c'est là qu'il absorbe ardemment toutes ses énergies d'amour. L'Art, selon lui, voilà l'absolu qui console des tristesses du monde, supérieur à la philosophie et à la politique de toute la grandeur de l'émotion et de la pitié. Les poètes, ces « imitateurs de fantômes » que Platon chassait de sa République comme des chanteurs inutiles, « qui feraient régner le plaisir et la douleur dans l'État à la place des lois et de la raison », Vigny les tient pour dépositaires du trésor de folies sublimes qui ennoblissent l'humanité. Car ce désespéré, ce pessimiste, croit, malgré lui, au pro-

grès de l'homme, à sa marche en avant ici-bas. S'il ne dit pas, comme Renan, « qu'un dieu se fait avec nos pleurs, » il pense, avec le Sage antique, que la créature douloureuse capable d'effort et de sacrifice est plus grande qu'un dieu impassible et privé du droit de souffrir. « J'aime la majesté des souffrances humaines, » ce vers est le seul de mon œuvre, a-t-il écrit dans son Journal. Et il se définit en ces termes la plus haute ambition de l'Artiste :
« Je crois fermement à une vocation ineffable qui
« m'est donnée, et j'y crois à cause de la pitié sans
« borne que m'inspirent les hommes, mes compa-
« gnons de misère, et à cause du désir que je me
« sens de leur tendre la main et de les élever sans
« cesse par des paroles de commisération et d'a-
« mour. »

Et ailleurs : « *Cinq-Mars, Stello, Servitude et*
« *Grandeur militaires* sont les chants d'une sorte
« de poème épique sur la désillusion ; mais ce ne
« sera que des choses sociales et fausses que je
« ferai perdre et que je foulerai aux pieds les illu-
« sions ; j'élèverai sur ces débris, sur cette pous-
« sière, la sainte beauté de l'enthousiasme, de l'a-
« mour, de l'honneur, de la bonté, la miséricor-
« dieuse et universelle indulgence qui remet toutes
« les fautes et d'autant plus étendue que l'intelli-

« gence est plus grande. » Quel programme plus noble, Messieurs ?

Le rôle de l'Artiste dans la vie sociale est par là défini d'avance. Comment se mêlerait-il de bon cœur aux rivalités de ceux-là qu'il doit élever au-dessus d'eux-mêmes ? Et, s'il a conscience de sa tâche, où en trouverait-il le loisir ? Cela est bon pour « l'Homme de lettres », à qui sa plume n'est qu'une arme et son livre qu'un plaidoyer, pour l'Homme de lettres homme d'affaires, figure nouvelle de notre époque, « convenable à tout, conve-« nable en tout, » mais pour le poète, non pas. Celui-là, en nos jours d'imprimerie et de feuilles au vent semées, comme aux jours où l'écriture lente embellissait les manuscrits, celui-là reste « un « inhabile à tout ce qui n'est pas divin ». Sa mission, c'est encore de « produire des œuvres, et seule-« ment lorsqu'il entend la voix secrète ». Non que Vigny le croie impropre, s'il le voulait, à se manifester par des actes. Il compare la poésie à un élixir dont une goutte fait l'homme de bien, deux gouttes le héros politique et trois gouttes le Penseur Poète. « Si l'homme d'action avait plus de force, il s'assoirait pour penser. » Car la pensée est l'acte pur, réalisé dans l'œuvre d'art seule, qui importe le plus à l'homme, et elle veut un culte jaloux. De là résultera sans doute, entre le pouvoir et le poète, entre la force rétrograde et la farouche liberté, une inimitié secrète, parfois une hostilité franche. C'est ce qui arrive, en effet, aussi bien sous les rois despotes que chez les démocraties égalitaires, ce désert de nos temps modernes « où « un homme se lève et retombe, et l'on n'aperçoit « plus au loin que le sinistre niveau du sable. » La solitude sera le sort de l'Artiste, mais elle sera sa grandeur. Son royaume n'est pas de ce monde.

Ainsi se résume, dans *Stello*, l'ensemble de ces vues altières par l'Ordonnance du Docteur Noir : I. — Séparer la vie poétique de la vie politique. II. — Seul et libre, accomplir sa mission. III. — Seul et libre, suivre sa vocation. Que si le Poète, découragé, tombe, par paresse de penser, dans le désir de se mêler à des intérêts inférieurs, voyant combien ce serait plus facile, alors il a quitté sa route. Et, s'il la quitte trop souvent, bientôt il la perd pour toujours.

III

Vous connaissez l'œuvre, Messieurs, et déjà vous pouvez vous dire si elle tient ou non par un lien logique, ou plutôt par des fibres vivantes, au système que je viens d'exposer. Vraiment, elle est la floraison de ce système et de cette vie d'homme. Dès son coup d'essai, dans *Moïse*, Vigny se peignait à lui-même, vous savez avec quelle grandeur, le divin isolement du génie, et cette plainte fameuse du prophète hébreu :

Seigneur vous m'avez fait puissant et solitaire,
Laissez-moi m'endormir du sommeil de la terre... »

pourrait être de la fin de ses jours. *Eloa*, l'ange née d'une larme du Christ, se perdant pour Satan déchu, semble un symbole de sa poésie, penchée sur la douleur humaine au point d'oublier le ciel natal. *Cinq-Mars*, nous le savons par le *Journal*, était la première page d'une suite historique où Vigny aurait embrassé le destin de la noblesse française. *La Maréchale d'Ancre* est un autre épisode inspiré par la même pensée. *Chatterton* veut être un exemple du martyre de l'artiste inconnu. *Stello*, dont une suite fut plus tard brûlée, est la profession de foi du poète. La noble image d'André Chénier y fait pendant à Chatterton. *Servitude et Grandeur militaires*, ces chefs-d'œuvre d'émotion sobre, hymne à l'Armée, « couvent nomade, où l'on « a conservé les vœux d'obéissance et de pauvreté, »

sont le mémoire des années de jeunesse. « Gentil-
« homme, officier et poète, j'ai dit ce que je sais et
« ce que j'ai souffert, » écrit-il. Et cela est vrai. Le
Journal d'un Poète, enfin, nous touche par son accent sincère comme celui d'un ami loyal, et par la
beauté contenue de réflexions nées au jour le jour
dignes d'un Pascal ou d'un Marc-Aurèle. — Mais
c'est, vous le savez Messieurs, le livre seul des
Destinées qui a mis le sceau à la gloire de notre
Alfred de Vigny. Un mince volume de quelques
pages ! Qu'importe, si elles sont près de nos cœurs ?
La grande pureté de la mort, fatale à toute œuvre
insincère, sur celle-ci n'a pas mis une ombre. Combien de rhétoriques sonores ne donnerions-nous
pas pour ce peu de verbe indestructible ? Et s'il
nous fallait retrancher de tous les poèmes du siècle ce qu'ils contiennent de rhétorique, ne seraient-
ils pas bien raccourcis ? Nous avons, dans les *Destinées*, une synthèse brève et ramassée des plus
grands problèmes qui nous angoissent. L'Amour
et l'Art, le Christianisme, la Nature et l'Effort humain y trouvent tour à tour leur symbole. La femme n'a pas inspiré d'adoration plus sublime que
les strophes de la *Maison du Berger* : « Eva qui
donc es-tu ? sais-tu bien ta nature ? » ni d'imprécations plus tragiques que la *Colère de Samson*. Le

stoïcisme a son cantique dans la *Mort du Loup*. Que dire du *Mont des Oliviers* et des *Destinées* elles-mêmes ? L'âme moderne et l'âme antique n'y respirent-elles pas, soulevées ? Et la foi de l'Artiste en son art anime d'un souffle héroïque la *Bouteille à la Mer*, l'*Esprit Pur*. Rappelez-vous les vers de feu :

Ton règne est arrivé, pur Esprit, roi du Monde !
Quand ton aile d'azur dans la nuit nous surprit,
Déesse de nos mœurs la guerre vagabonde
Régnait sur nos aïeux ; aujourd'hui c'est l'écrit,
L'écrit universel, parfois impérissable,
Que tu graves au marbre ou traînes sur le sable,
Colombe au bec d'airain, visible Saint-Esprit !

Rappelez-vous cet hymne auguste :

Souvenir éternel ! gloire à la découverte
Dans l'homme et la nature, égaux en profondeur,
Dans le Juste et le Bien, source à peine entr'ouverte,
Dans l'art inépuisable, abîme de splendeur !
Qu'importe oubli, morsure, injustice insensée,
Glaces et tourbillons de notre traversée ?
Sur la pierre des morts croît l'arbre de grandeur !

Cet arbre est le plus beau de la Terre promise,
C'est votre phare à tous, penseurs laborieux !
Voguez, sans jamais craindre ou les flots ou la brise
Pour tout trésor scellé du cachet précieux.
L'or pur doit surnager et sa gloire est certaine,
Dites en souriant, comme ce capitain :

Qu'il aborde, si c'est la volonté des dieux !

Le vrai Dieu, le Dieu fort, est le Dieu des Idées.
Sur nos fronts où le germe est jeté par le sort
Répandons le savoir en fécondes ondées ;
Puis, recueillant le fruit tel que de l'âme il sort,
Tout empreint du parfum des saintes solitudes,
Jetons l'œuvre à la mer, la mer des multitudes :
— Dieu la prendra du doigt pour la conduire au port.

Celui qui a vécu à ces hauteurs saintes a bien pu laisser échapper, au soir de ses jours, ce dernier cri :

Si l'orgueil prend ton cœur quand le peuple me nomme,
Que de mes livres seuls te vienne ta fierté !
J'ai mis, sur le cimier doré du gentilhomme,
Une plume de fer qui n'est pas sans beauté.
J'ai fait illustre un nom qu'on m'a transmis sans gloire,
Qu'il soit ancien, qu'importe ? Il n'aura de mémoire
Que du jour seulement où mon front l'a porté !

IV

Nous venons d'entendre Alfred de Vigny. Si nous nous demandons nous-mêmes que penser enfin de l'Artiste, de sa place dans la vie sociale, de son œuvre, de sa mission, quelles vues assez assurées, propres à guider notre marche, dégagerons-nous de cette étude? Il faut bien écarter d'abord, du modèle que je vous propose, tout ce dont le temps a fait justice et qui est déjà du passé. Il semble que ce soit rejeter, au moins dans sa forme absolue, la doctrine du penseur en révolte, ce pessimisme justement qu'on a si souvent célébré. L'effort même de l'esprit moderne, à travers la souffrance et le doute, n'est-il pas de chercher à résoudre les antinomies désolantes dont s'effrayèrent nos aînés? N'est-ce pas lui que nous saluons en ces noms de penseurs virils, si différents les uns des autres, un Carlyle ou bien un Tolstoï? Science et religion, politique et morale, art et démocratie, autant de bannières distinctes au nom desquelles on se bat encore. Et sans doute, à voir le tumulte de ceux qui se croient adversaires, on ne le jugerait pas près de finir. Mais ces querelles retentissantes ne sont pas ce qui nous importe. Il naît, dans le silence des âmes, telle aspiration indécise qui peut changer le monde demain. Et le nombre grandit de jour en jour de ceux qui, parmi ces discordes, ne veulent pas prendre parti, parce qu'ils sentent au fond d'eux-mêmes une plus sereine vérité. Oui, Messieurs, plusieurs d'entre nous sont impatients des vieilles formules et demandent à en être libres, n'eussent-ils à leur opposer encore rien de fixe et de défini. Nous ne voulons sacrifier l'un à l'autre aucun besoin fondamental de notre cœur ou de notre esprit. Nous ne voulons pas être étiquetés. — Nous aimons la Science moderne pour avoir centuplé nos puissances, pour le poème magnifique qu'elle nous propose de l'homme, de l'univers et de la goutte d'eau. Nous ne comprenons rien à ceux qui nous en font une ennemie, n'attendant pas d'elle des armes pour prouver ou nier un Dieu. Nous vénérons la Religion antique pour les symboles adorables sous lesquels sa bouche pieuse cache d'éternelles vérités; si nous n'admettons pas que tous ses dogmes doivent durer aussi longtemps qu'elle, nous ne pensons pas lui faire insulte en ne la servant qu'en esprit. Nous saluons la Démocratie, comme la mer inépuisable où doivent se rajeunir sans cesse les forces vives d'un vieux monde, l'élite morale et sociale, et d'où peut jaillir plus exquise la fleur changeante de la Beauté. Utopies de jeunesse, dit-on, au nom d'expériences récentes. Mais ce sont les croyances d'hier qui font la réalité d'aujourd'hui, et nous rejetons ces croyances..... Tout en respectant donc les troubles qui dévastèrent de nobles âmes comme celles d'Alfred de Vigny, nous avouons ne plus les partager. Strictement guidés par notre conscience, sans prétendre résoudre d'un coup des problèmes aussi vieux que le monde, nous marchons sur une route incertaine, confiants en cette lumière vivante. Et nous ne savons qu'une chose : c'est que nous ne pouvons faire autrement.

Eh bien! Messieurs, ceci demeure, malgré toute dissension possible : nous avons beau reviser ses doctrines et les croire aujourd'hui dépassées, du moins, comme Artiste et comme homme, Alfred de Vigny ne s'est pas trompé. Certes, il a forcé la mesure et manqué le parfait équilibre dans la hiérarchie qu'il nous trace des hautes facultés humaines : action, savoir, poésie. Il les a opposées l'une à l'autre, au lieu d'y voir un commun effort vers la puissance, la sagesse, le bonheur de l'homme à venir. Il a trop rabaissé tous les cultes pour glorifier celui de l'Art. Lui fasse un crime qui voudra de cette partialité passionnée! Mais de cet Art, même s'il se trompe en le posant comme un absolu, il nous donne une notion si pure que toute autre, à côté, pâlit. Ici nous touchons la certitude dont nous nous sentions altérés. Quelques changements que puissent subir, au sein de la conscience moderne, Science, Religion, Politique, l'Art, ainsi conçu, y tient sa place, inviolable et séparée. Il ne peut céder devant la logique, comme l'annonçaient certains prophètes, puisant la source de jeunesse à l'éternelle émotion. Il ne peut se hausser ou se réduire à fixer la conduite des hommes, comme le rêvent d'excellents esprits. Entre son action idéale et l'action directe et visible, il faut enfin choisir, sous peine de ne gagner en étendue que ce qu'on perd en intensité. Au carrefour de notre route où veillent les Trois Sœurs fatidiques, il faut se confier à celle qui nous fait le signe du destin...

Que d'autres analysent et démontrent, que d'autres commandent et gouvernent, l'Artiste doit donc se satisfaire s'il incarne et s'il fait aimer. Apôtre, homme d'état, philosophe, il n'est aucun de tous ces hommes, mais il est chacun d'eux en puissance, et tour à tour il les exprime. C'est pourquoi on l'a pris si souvent pour l'un d'entre eux. Il est plus et moins tout ensemble. Il a son empire borné. Sa tâche est de représenter tout l'homme, avec ses souvenirs immenses qui remontent au début des races, avec ses désirs plus immenses encore qui vont se perdre dans l'éternité. C'est de lui qu'est vraie la parole antique : rien d'humain qui ne soit sa chose, et il élargit l'âme humaine aux confins de l'univers obscur. Il nous harmonise avec l'infini.

Plus conscient que nous de nos destinées, il s'attache à mettre l'accord entre les forces qui divisent les âmes, en faisant sortir de nos ténèbres un monde plus lumineux et plus vrai. Il éclaire à nos yeux l'un par l'autre le passé, le présent, l'avenir, de quelque nom qu'on les baptise, paganisme, christianisme, et, si vous voulez : « Troisième État. » Mais cette pensée directrice ne doit transparaître dans son œuvre que comme l'Idée divine elle-même se manifeste dans le monde, muette et présente à la fois. Car Dieu, le souverain Artiste, nous a donné l'écrasant modèle : son poème à lui, la Nature, et le sens à en déchiffrer, — la Nature où partout règne l'ordre pour celui qui aime et qui cherche, et dont aucuns ont dit parfois qu'elle n'était qu'un mauvais drame. Cependant, avec ses étoiles et ses aubes, elle est toujours là.

Tels sont l'œuvre et le but de l'Artiste. Pour son maintien dans la vie sociale, vous le voyez assez, Messieurs. Solitaire, oui, solitaire! nous ne craindrons pas de le dire. Le grand Vigny, ici encore, ne sera pas trouvé en faute. Solitaire, si c'est l'être en effet que d'embrasser toute son époque de la pensée la plus profonde et de l'amour le plus ardent. Solitaire pour n'être à personne, d'aucune secte et d'aucune haine, solitaire pour être à tous!...

Je sais bien qu'en des temps de famine, parmi les foules frémissantes qui demandent du pain pour vivre, cette retraite peut sembler stérile, criminelle même, à plusieurs. Mais ce n'est pas la retraite monacale dans le désert ou sur la montagne, uniquement tournée vers la mort et les joies d'un ciel. C'est la retraite tout intérieure, en communion avec les hommes, pour créer une joie et une beauté neuves qui les aident à vivre aujourd'hui. Ils ont autant besoin de ces choses que de blé, de charbon ou de fer. Et de toute société future (vous savez qu'on en offre à revendre) si elle est meilleure que la nôtre, nous pouvons affirmer que l'homme y jouira de ce bienfait double : plus grande liberté pour son œuvre, plus grande expansion vers autrui. — Si l'Artiste est un solitaire, c'est donc un solitaire social. Il renonce pour plus de largesses. Il se dépouille pour donner. C'est de cet homme qu'on a dit encore : « Plus on lui ôte, plus il est grand. » C'est en ce sens que le porte-parole d'une démocratie d'hommes d'affaires, le sage d'Amérique, Émerson, lui jette l'exhortation brûlante : « N'hésite pas à payer ta taxe de souffrance et de « pauvreté! » Il n'en va pas sans amertume, je pense, et sans muets combats. Mais quoi? Tout homme ne meurt-il pas pour léguer une image de sa vie, image physique dans l'amour, image morale dans l'action ? C'est le sort hautain des grands hommes d'être mutilés plus que les autres. La création même, nous disent les sages, est peut-être née d'un sacrifice, abaissement volontaire d'un Dieu... Qu'importe, si l'œuvre est féconde ? L'artiste aussi veut bien descendre, pourvu qu'un autre par lui grandisse, veut bien accepter la tristesse, en sachant qu'elle servira. Il laisse s'élancer tous ses frères vers les rêves de joie et de force. Eux aussi le font à leurs risques. Pour lui, sans répudier jamais aucun devoir essentiel de l'homme (famille, patrie, oui, métier même !) il ne livre, aux tourmentes des foules, que les pures énergies de son être. Le Verbe est son seul messager. Si la voix des cités, certains jours, est trop forte, il garde toujours pour refuge la Nature où le cœur se retrouve, la Nature que lui seul entend. Et, tandis que les vies humaines se dissipent à travers le monde, tempêtueuses comme les fleuves, lui garde en son cœur toute la sienne, pareille à un lac immobile : telle elle passera dans son œuvre, ne s'alimentant aux orages que par des sources trop profondes pour être distinguées des yeux.

V

Messieurs, résumant pour conclure, à cette lumière nouvelle, ma pensée sur la grande figure que j'ai évoquée devant vous, je dirai qu'elle m'apparaît sous deux aspects presque contraires. Alfred de Vigny eut en lui deux hommes, celui du passé et celui de l'avenir. Ce contraste, commun sans doute, est chez lui spécialement accusé. Du passé par ses habitudes, par son nom et ses origines, par son éducation religieuse, par ses attachements politiques, par le choix même de sa carrière, jusque par les détails de son style, il est aussi de l'avenir par la force de sa pensée, par ses convictions dernières, par la tenue de la fin de sa vie, par la conception de ses œuvres. Cette contradiction secrète, qui fit le fond de ses tristesses, remarquez-la dans son visage : la bouche est amère et plissée ; des rides font tomber les lèvres ; une lumière vraiment géniale éclaire le front et les yeux. Il avait ses raisons pour écrire ce distique sur l'homme moderne :

La barbarie encor nous retient dans sa gaîne
Et tout homme énergique au dieu terme est pareil.

Si nous le comparons aux poètes du siècle, celui-ci eut le nom le moins sonore et le destin le moins pompeux. Et voici que sur la toise de la tombe où nous les voyons étendus côte à côte, il ne nous semble pas le moins grand. C'est peut-être que des parts humaines il avait choisi la plus humble, la plus belle aussi, la plus chaste : le silence et la réflexion. Dans un siècle où se battent et se mêlent toutes les formules de vie, il a incarné en lui-même, il a maintenu dans sa noblesse un des types d'humanité rare que nous savons mal soutenir. Il n'a voulu être qu'Artiste, mais il a élargi cette armure aux dimensions de son cœur. Il a vraiment tenté le κηρυχ εἰς αεὶ, l'effort vers l'Éternel, des anciens Grecs. Aucun des autres romantiques n'a limité là tous ses vœux. Lamartine, poète lyrique, merveilleux orateur en vers plus encore qu'Artiste il est vrai, voulut la tribune et la presse pour déployer plus à son aise le geste souverain de son éloquence. On l'en a loué, comme il est juste. Mais il dut à cette grande fortune de laisser une œuvre tronquée où l'exécution trop hâtive (*Jocelyn*, *la Chute d'un Ange*) compromet les plus beaux desseins. Victor Hugo, se faisant du Vates-Poète une idée énorme et trop simple où il confondait à la fois tous les attributs de la puissance, échoua dans sa vie politique et fut heureux qu'un exil durable préservât sa maturité. Alfred de Musset ne fut homme et poète que de dix-huit à vingt-cinq ans. C'est ainsi que ce brillant Romantisme, si beau par la passion fougueuse et par la flamme du désir, hâta sa destinée brûlante pour avoir dédaigné toute règle, pour n'avoir pas su consentir les renoncements nécessaires et s'élever à une Loi. Cette erreur, généreuse et mortelle dans l'art comme dans la vie même, de Vigny l'a le moins partagée. Il a honoré la raison. Je vois une figure de sa Muse en cette eau forte énigmatique immortalisée par Albert Dürer sous le nom de la *Melancolia*. Femme assise, aux ailes d'Archange, au visage presque viril appuyé sur la paume de la main. Autour d'elle le labeur de l'homme accumule tous les symboles de sa peine et de son néant. Le bloc de pierre et l'échelle sont là, la clepsydre, la balance et la cloche ; des outils gisent sur la terre ; et le génie léger des heures semble endormi pour l'éternité. C'est l'arrêt — ou la ruine — d'un monde. Au delà des eaux immobiles une chauve-souris étend ses ailes sur l'horizon où l'astre descend. L'arc-en-ciel barre le crépuscule. Et la Figure mystérieuse, sans même un regard pour ces choses, évoque fixement, au delà, l'Invisible, l'Inconnu, l'Avenir. Merveilleuse et tragique image, où toutes les formes qui s'effondrent disparaissent, quand on la contemple, devant la pensée de ces yeux ! Le regard fixé vers l'Au-delà : c'est lui que nous voulons reconnaître dans l'œuvre d'Alfred de Vigny. C'est lui que nous voulons retenir, saluant en son rayon grave un présage des temps nouveaux. Car nous vivons aussi dans un monde où le désespoir assombrit les heures, où se multiplie l'œuvre farouche du deuil et de la destruction, dans un monde de crépuscule où se hâtent tous les déclins. Et nous avons besoin de croire que l'aube jaillira plus splendide, besoin de croire à la marche éternelle qui s'avance par-dessus les tombeaux, besoin de croire que notre foi même n'est qu'un enfantillage encore au prix des vérités futures, et que l'homme, un jour, sur cette terre, inondé de la grâce parfaite, oubliera les images grossières que nous nous serons faites de lui. C'est la conviction secrète qui nous soutient à travers la vie, et, renaissant après nous-mêmes, fait qu'à la mort de l'homme moderne on ne peut pas enfermer dans sa tombe, selon le rite des peuplades sauvages, tout ce que, vivant, il aima.

II

AUTEURS ETRANGERS

II

AUTEURS ÉTRANGERS

L'ART SELON TOLSTOÏ [1]

A Lucien Besnard.

Voici un livre qui a fait scandale. Nous pensions connaître Tolstoï comme romancier et comme prophète. Nous nous étions habitués à aimer l'un et à révérer l'autre. L'opinion publique, aisément satisfaite des antithèses bien tranchées, après un moment de surprise et d'humeur, s'était résignée à admirer sans espoir de suite probable l'œuvre inachevée du grand écrivain, désormais soucieux, semblait-il, du seul art de bien vivre, sans se demander si cette vie n'était pas la seule fin logique et nécessaire de cette œuvre, si le vieux maître faisait

[1] A propos de : Qu'est-ce que l'Art ?

autre chose que de mettre en action les idées d'un Levine et d'un Besoukhov. Tout de même cette gageure héroïque et paisible d'un homme osant au jour le jour réaliser son rêve intime, en contradiction avec le monde, avait fini par nous séduire et par nous toucher vaguement. Et nous écoutions avec intérêt, avec émotion quelquefois, mais sans y insister outre mesure, en personnes polies et prévenues, les opinions du solitaire de Yasnaïa Polyana sur l'amour, sur la religion, sur la guerre et sur la justice, opinions qui formaient un étonnant contraste avec celles, beaucoup plus goûtées en bonne compagnie, de l'abbé Jérôme Coignard. Or, voici que Léon Tolstoï vient de troubler cette quiétude et ce commode parti-pris. Il s'est avisé, ayant une doctrine, de la confronter avec sa vie entière et d'y soumettre ses œuvres d'art. Non seulement il nous a confessé, sans le moindre ménagement oratoire, l'effet que lui produisent de loin, dans sa chaumière de moujick, nos esthétiques et nos poèmes, nos théâtres et nos romans, non seulement, rude iconoclaste, il a frappé et mis à terre nos idoles les plus vénérées, un Gœthe, un Wagner, un Ibsen, mais encore il s'est jugé lui-même et non moins durement condamné. Cette fois la chose parut un peu forte. Si épris que nous soyons, au moins en paroles, de courage et de loyauté, il est certaines ferveurs d'audace, certaines folies de sacrifice qui répugnent invinciblement à notre esprit d'ordre et de mesure, soit bon sens, soit timidité. On aime rarement voir un homme brûler ce qu'il a adoré, surtout quand on s'y complaît encore. Donc, Tolstoï eut une mauvaise presse, ce dont je suppose, il ne s'émeut guère. Chose plus grave, un de nos critiques de qui la pensée a les plus beaux titres pour peser sur l'opinion, M. Emile Faguet, s'est élevé contre lui comme il sait le faire, avec verve et avec vigueur. Son récent article de *Cosmopolis* porte sur Tolstoï penseur un jugement d'une dureté sommaire. Ainsi Tolstoï dans cette affaire s'aliène décidément tout le monde, même M. de Wyzewa qui l'a traduit, même ses défenseurs d'antan. Voilà bien, contre un seul volume, d'assez fâcheuses apparences.

J'ai lu ce livre. Je l'avoue de suite : il m'a frappé, il m'a séduit, il m'a conquis de vive force. J'ai éprouvé, en le lisant, cette impression double et contradictoire qui déjà m'avait secoué à la lecture de *Ma Religion*, de *Plaisirs vicieux et Plaisirs cruels*, voire de la *Sonate à Kreuzer* : d'une part, un sentiment de révolte confuse mais invincible, de l'autre, un élan de joie, une adhésion passionnée, la conscience d'avoir trouvé là les paroles claires, essentielles, qui tracent la route et marquent le but. Comment concilier ces deux mouvements? Il me semble, tant bien que mal, y être à peu près arrivé. Je voudrais m'éclairer ici sur ce débat intérieur, m'imaginant n'être pas le seul à l'avoir, parmi nous, ressenti. Je voudrais surtout vous faire ouvrir ce livre, qu'on peut condamner mais qu'il faut connaître, et qu'on ne saurait lire avec ennui.

Suivons pas à pas notre auteur et tâchons de l'écouter fidèlement, pour l'approuver ou pour le combattre. Il parle d'ailleurs un langage d'une simplicité lumineuse. L'idée maîtresse de son livre, qu'il commente sans se lasser, ne tarde pas à apparaître. Elle ordonne le plan de l'ouvrage avec une impérieuse clarté. On peut la résumer ainsi : notre Art actuel, ce qu'on appelle Art dans les hautes classes européennes, et qui passe pour le fruit précieux d'une civilisation exquise, cet Art est mauvais et factice, pour des causes déterminées. Il faut lui substituer un Art véritable, pour le bonheur et pour le salut de la société à venir.

Une Critique de l'art actuel, tel est donc le début de Tolstoï, telle est l'œuvre de démolition véhémente à laquelle il consacre ses premiers chapitres. Après une rapide incursion dans le labyrinthe des Esthétiques, sur lequel il secoue promptement la poussière de ses sandales, sachant bien que ces vierges fanées ne seront jamais créatrices et que des dissertations de pédagogues n'influent point sur une âme d'artiste, il donne une définition de l'Art, la plus large et la moins contestable. Il le considère comme une des conditions de la vie humaine, comme un « moyen que possèdent les « hommes de communiquer entre eux leurs senti- « ments bons ou mauvais ». De ce point de vue, le grand grief que soulève contre soi l'Art moderne est d'être exclusivement un Art d'élite, inintelligible à la foule des humbles, rendu possible seulement par l'exploitation, l'oppression des masses au profit de rares privilégiés. Un énorme travail se dépense, des vies sans nombre sont perdues pour mettre au jour des œuvres vaines, pour élever des pyramides stériles au cœur desquelles ne gît qu'un tombeau. Cela pour l'amusement des riches et le détraquement des pauvres à qui manque la beauté bienfaisante, comme manquent la lumière et le pain... Plainte justifiée ? La question, hélas ! ne soulève guère de controverses. Les faits sont là, plus écrasants que le plus violent réquisitoire. Jusqu'ici Tolstoï ne découvre que la plaie reconnue, déplorée, (parfois même glorifiée) par d'autres artistes, cet abîme entre l'élite et le peuple, hiatus tragique des temps modernes, que l'on considère en général, tout en affectant de s'en plaindre, comme une lamentable fatalité. On n'y voit d'ordinaire qu'un remède, vague et lointain : l'éducation du peuple. Tolstoï renverse la tactique : c'est la bourgeoisie qu'il attaque. C'est le procès de l'Art, de son Art d'hier, du nôtre encore, qu'il entame sans hésiter, plaidoyer le plus éloquent, le plus âpre, le plus décisif. Il faut lire dans le livre même ces pages merveilleuses et dénonciatrices, où je défie bien n'importe quel artiste de ne pas reconnaitre quelque chose de soi.

La nature et les suites du mal sont révélées en un trait de lumière dans le chapitre intitulé : *Appauvrissement de la matière artistique*. L'Art, privé de racines profondes, ne peut tarder à dépérir. Une fois devenu « Art déclassé », il a bientôt fait d'explorer le cercle étroit d'émotions de cette classe oisive et comblée, la plus inféconde en soi-même, puisque isolée de tout ce qui peut faire la mouvante grandeur de la vie, l'aventure, l'ambition, le danger. Il n'a plus, dès lors, qu'un seul but à peu près général : le plaisir des sens, que deux ou trois thèmes épuisés, les intrigues sentimentales, le point d'honneur, le dégoût de vivre. Aussi est-il forcé, pour faire façade, pour avoir l'air de se renouveler, de recourir à des recettes ingénieuses, de se contrefaire en se répétant, quand il ne sombre pas dans le paradoxe : exaltation outrée du vice et recherche de l'obscurité. Ici le passage impitoyable sur la « littérature d'emprunt », analyse mordante et détaillée avec exemples à l'appui, que M. Faguet ne peut se tenir de signaler avec éloge. A cette cause primordiale de décadence s'ajoutent des causes secondes. Tolstoï les voit surtout dans ce fait que l'Art est devenu une profession, largement rétribuée par les amateurs dont elle pare l'existence vide en l'égayant de jeux choisis. L'industrialisme domine et tue la spontanéité ; l'argent veut acheter la joie et supprime l'inspiration. Autre cause seconde : la critique, intellectuelle par nécessité, bientôt par goût et par habitude, incapable de comprendre le poète, faite pour prôner et pour imposer une fausse « production à froid ». Enfin les écoles d'Art, qui enseignent à tous une technique extérieure et banale, éducatrices de talents habiles, — habiles à masquer leur impuissance sous une forme fleurie et morte. Je n'indique qu'à grands traits la satire. A chaque lecteur de se demander si son expérience quotidienne lui permet ou non d'y applaudir.

D'un seul mot le grand pamphlétaire se résume et flétrit cet amas de menteuse marchandise artistique : il n'y a pas là d'émotion, il n'y a pas de sincérité. Il y a des entrepreneurs experts fournissant à leur clientèle le genre de passe-temps qu'elle réclame. La grande, l'immense foule souffrante qui vit du labeur de ses mains, absorbée par de pressantes angoisses, ne trouve là nulle pâture pour elle. Comment s'en étonner? On n'y prend garde, on lui parle d'une vie qu'elle ignore, toute d'artifice et de loisir. Et telle est la perversion du goût public qu'on trouve une telle chose naturelle. On en dogmatise savamment, sans essayer de réagir... On feint de croire que la joie divine de goûter l'ivresse du songe doit être un luxe et un privilège, qu'elle n'est pas un lot bon pour tous, comme l'air et comme le sol... Encore une fois je vous renvoie au livre, et je serais surpris si chacun, après une résistance intime venue des mille concessions lâches où nous sommes tous enlacés, ne se disait pas malgré lui, dans une minute de franchise : « Cela est vrai! »

Cette partie négative achevée — c'est celle sur quoi tout le monde se mettra le plus facilement d'accord : critiquer n'empêche pas de jouir, — Tolstoï fait effort constructif. Il veut *définir l'Art véritable*. Cet Art a pour muse éternelle celle-là même que méconnaissent toutes les œuvres du pseudo-Art, celle qui seule engendre et crée : l'émotion. Quels que soient ses mérites de facture, d'apparence extérieure, de métier (qualités précieuses aussi, « qualités d'âme » comme les autres, Tolstoï l'oublie trop aisément), l'œuvre d'Art digne de ce nom est celle qui est née d'une émotion profonde, centrale, jaillie librement et douloureusement de l'inconscience de l'artiste. L'émotion est universelle. Le verbe qu'elle anime réveille un écho chez n'importe quelle poitrine d'homme. Elle seule, par des chaînes d'or, unit à une pensée d'artiste les mille pensées d'un public et ces pensées mêmes entre elles, qui ne forment plus qu'une âme multiple, vibrante d'amour et de sympathie. Heureux miracle où Tolstoï reconnaît le signe distinctif qu'il recherche, et qu'il nomme la « contagion artistique ». Trois conditions sont essentielles pour que cette contagion puisse naître et se répandre largement : la nouveauté de la parole émise, sa clarté, sa sincérité, cette dernière comportant les deux autres. L'œuvre empreinte de l'émoi le plus vrai et qui le communiquera au plus grand nombre sera le chef-d'œuvre attendu.

Voici l'Art véritable indiqué en formules nettes et pratiques, dont l'évidence, à mesure qu'elles s'énoncent, dissimule la hardiesse. Nous avons une pierre de touche qu'on pourrait croire suffisante pour distinguer l'œuvre viable de toutes les contrefaçons mort-nées, et, comme le dit notre texte, des pierres de la mosaïque l'inappréciable diamant. Ce serait mal connaître Tolstoï, réformateur et moraliste, de croire qu'il s'en tiendra là. Ce n'est pas assez que l'Art émeuve, même fortement, tous les hommes. Un tel Art sera viable sans doute, puisqu'il sera « universel », et les exemples en sont très rares, mais il sera neutre, sans vertu propre, et pour tout dire « indifférent ». Bien plus, il est des contagions malsaines, il est des émotions bonnes ou mauvaises suivant les sentiments qu'elles propagent. Il faut apprécier le contenu de l'œuvre, en discerner la qualité. Nous avons un critérium pour cela, infaillible, de valeur certaine. Comme le courant d'une rivière agit sur toutes ses molécules, quelque chose emporte et domine tous les sentiments d'une époque, une force, obscure ou manifeste, détermine le sens de la vie, à quoi

l'Art, qui exprime la vie, doit être soumis comme
elle-même. Une force? la Religion. Et voilà le
grand mot lâché. Il n'y aura d'Art véritable, tout
au moins d'Art supérieur, que si l'émotion qui le
vivifie est une émotion religieuse.

Tolstoï fait ici un pas très dangereux. Il intro-
duit, qu'il le veuille ou non, dans sa conception
de l'Art, l'élément d'intellectualisme et de volonté
réfléchie qu'il en avait voulu bannir et qui risque
de tout fausser. Tant vaudra un concept religieux,
tant vaudra maintenant l'œuvre d'Art. Adieu les
belles forces tout instinctives, les larmes qui ne
peuvent pas tromper! Nous allons être saisis par
une règle, une discipline, un étau. La « production
à froid » nous guette. Ainsi l'objection se presse
d'abord ; mais la question n'est pas simple, il faut y
regarder à deux fois. Tolstoï a pour lui une logique
bien forte. Une voix puissante m'avertit qu'il a raison, raison quand même, et je ne peux m'empêcher
de le suivre malgré que je sente bien le danger.
Il a raison quand il nous rappelle que la fonction
primitive de l'Art fut essentiellement religieuse.
L'Inde, l'Égypte, la Perse antique sont encore là
pour l'attester. Il a raison quand il nous évoque
la splendeur des tragédies grecques, merveilles
toujours sans rivales. Celles-là furent bien l'expres-

sion d'un peuple, de sa croyance et de ses vertus; elles surent marquer, en effet, le sens de la vie selon les Grecs ; comme les temples et comme les victoires, elles concoururent dans leur ordre à l'harmonie de la Cité. Vient le Christianisme : que se passe-t-il ? Tolstoï se donne quelque peine pour démontrer que là encore, tout au moins dans les premiers siècles, l'Art a suivi la Religion. Il serait plus juste de dire qu'il fut vaincu, supprimé par elle. Un exode prodigieux entraîna les pensées humaines vers le ciel flamboyant des Martyrs. La mort parut éclipser la vie. Quelle matière fut restée à l'Art ? Cependant ses premiers bégaiements, les mystères du moyen âge, l'immense allégorie dantesque sont selon le cœur de Tolstoï.

A la Renaissance, tout se gâte. Contre elle s'élève son amer, son infatigable grief. C'est d'alors que les classes supérieures désertant la religion antique sans y substituer une foi nouvelle, l'Art n'eut pas de visée plus noble qu'un perpétuel divertissement. C'est d'alors que s'est creusé le gouffre entre le peuple, toujours naïf, et une aristocratie sceptique et blasée. C'est d'alors que la littérature, devenue toute commerciale, s'est condamnée pour sa perdition à un rabâchage mortel, et s'est acculée à l'impasse où elle agonise aujourd'hui. Tableau sinistre, par endroits fidèle, mais vraiment, cette fois, bien chargé! Quoi! il n'y a pas eu d'exceptions dans cette soi-disant décadence? Quoi! les œuvres d'un Michel-Ange et d'un Léonard de Vinci, le drame de Shakespeare, le *Faust* de Gœthe, l'œuvre de Beethoven, celle de Victor Hugo, de Lamartine, d'Alfred de Vigny ne sont pas une épopée religieuse, incertaine, hasardée, mais grandiose, et qui laisse bien loin derrière elle la marche désormais sénile de ce qui s'intitule Religion? Je sais bien que ces noms appartiennent — si l'on prend les mots à la lettre — à l'Art restreint, à l'Art d'élite, mais enfin ils ont fait éclore d'assez vastes contagions, encore vivantes, pour n'être pas mis de côté sans autre forme de cérémonie. Le « miracle grec », si on le leur oppose, ne doit pas non plus nous tromper : ce qui était relativement facile dans quelques bourgades d'Attique, le concours de toutes les âmes, devient autrement compliqué pour vingt nations formidables. Après la critique sanglante des gens de lettres de tous ordres, geais parés de plumes royales, nous nous attendions à voir rendre aux hardis pionniers de nos races, aux messagers immortels du verbe, l'hommage éclatant qui leur est dû. Nous pensions que ceux-là, justement, en l'absence d'une Religion assez haute pour rallier tous les cœurs à elle, ceux-là ont porté de libres flambeaux dans les ténèbres inconnues, et que l'Art assuma de ce fait une mission quasi-prophétique d'une singulière grandeur... Mais non, Tolstoï ne veut rien entendre. Il est à peine besoin de dire que ce n'est pas qu'il tienne à défendre les rites d'un culte quelconque et confonde la Religion avec aucune Politique. Il s'en est ailleurs expliqué. C'est au nom de son idée personnelle, intransigeante, de la foi chrétienne, qu'il condamne de propos délibéré tout ce qui n'exprime point cette idée. O beautés d'une orthodoxie, même révolutionnaire ! Celle-ci, on le sait déjà, consiste surtout en deux dogmes : la fraternité entre les hommes doit être notre idéal suprême (à cela nulle objection). Cette fraternité ne peut être obtenue que par le parfait sacrifice de toutes nos passions personnelles, les plus hautes comme les plus basses, patriotisme, affections de famille, ambition, vanité, amour. Le type de l'homme, selon cette règle, serait à peu près celui d'un moine laïque qui prendrait une chaumière pour couvent. Et voici comment une fiction d'Art qui ne prêche pas la concorde unanime et le détachement de toutes choses n'est qu'une méprisable impiété.

On voit assez où se fait le divorce entre la pensée de Tolstoï et nos convictions les plus chères. Tous ceux qui croient que le bonheur de l'homme est dans l'épanouissement joyeux de ses facultés naturelles, que l'harmonie universelle favorisera, loin d'y contredire, le développement de l'individu, que le sens profond de nos jours troublés est de préparer une alliance nouvelle entre la joie grecque et l'amour chrétien, tous ceux-là ne sauraient se réduire aux mutilations d'un ascète, sans d'ailleurs marchander leur admiration au vieillard stoïque qui conforme sa vie à sa foi. Ils ne peuvent accepter la fausse antithèse de la bonté et de la beauté, de l'esprit et de la matière, de la nature et de l'idéal. Le nihilisme monacal qui enfièvre toute cette doctrine d'un irréductible réfractaire leur sera toujours étranger. Nous sommes arrivés au point précis où notre guide nous abandonne, et par là s'éclaire enfin le plus étrange malentendu.

⁂

Quelle est en effet, vis-à-vis de Tolstoï, notre position actuelle? Nous avons adhéré sans réserves à sa critique de l'Art mercantile, nous avons accepté avec joie sa théorie de l'Art véritable, nous sommes même montés avec lui à cette conception de l'Art religieux qui, si elle n'embrasse pas tout le domaine de l'Art, en marque du moins la plus haute cime. Nous avons cessé de le suivre dès que, passant aux applications, il veut nous imposer une croyance spéciale et formuler un catéchisme. Chose curieuse : le même phénomène se produirait presque à coup sûr pour ses autres ouvrages dogmatiques. Rappelez-vous le plus retentissant d'entre eux, je veux dire *la Sonate à Kreuzer* : là encore, admirable pamphlet contre les bassesses de l'amour vénal et les conditions du mariage. Là encore, conclusion stupéfiante invitant à la fin du monde par l'universelle chasteté. C'est marquer le défaut d'équilibre de ce très noble et puissant esprit, ce par quoi il donne sur les nerfs des logiciens stricts et pondérés. Ceux-ci, jugeant l'arbre à ses fruits, quand ils voient condamner dans un livre les chefs-d'œuvre dont vit notre Europe, le referment en haussant les épaules et en grommelant : « C'est absurde. » Non pas, le livre est de premier ordre, mais il est écrit par le comte Tolstoï, c'est-à-dire par le plus grand génie russe doublé du moujick Soutaïeff. Qu'est-ce que ce compromettant Sosie ? Soutaïeff est le personnage qui a exercé sur Tolstoï (après Jean-Jacques Rousseau toutefois) l'influence la plus évidente. Cette sorte d'apôtre paysan, extraordinairement populaire, entouré de voleurs et de mendiantes, et dont telles curieuses paroles rappellent la vie de Jésus, ne pouvait manquer de faire sur l'ardent écrivain, en quête alors (1) de sa destinée, une ineffaçable impression. De ce jour sa marque est visible dans tous les écrits qui suivirent; parfois même il semble prendre la plume à la place de son illustre disciple, qu'alors nous ne reconnaissons plus. De là les bizarreries qui nous étonnent. C'est lui, ne vous y trompez pas, c'est Soutaïeff qui, après les vues profondes dont nous enchante *Qu'est ce que l'Art*, dresse des livres auxquels il fait grâce cette nomenclature déconcertante qu'un écolier ne signerait point. C'est lui qui rejette dédaigneusement (malgré Tolstoï, on le sent bien, il en est là presque gêné), la neuvième symphonie de Beethoven comme une cacophonie abstruse. C'est lui qui ne trouve à retenir de toutes nos littératures que *la Case de l'Oncle Tom* : n'est-ce pas l'épopée de l'esclave, bienvenue au cœur des serfs russes?... Erreur fanatique et touchante, que je n'ose pas attaquer trop

(1) Dans le courant de 1879, après les célèbres *Confessions*. Voir à ce propos : *Que devons-nous faire ?*

haut! Elle est cependant du même ordre que celle dont notre Art dépérit selon le dire de Tolstoï : elle ne vise en somme à rien moins qu'à substituer à un « art de classe » l'art d'une autre classe, plus nombreuse, mais privée des bienfaits comme des vices de la culture; elle ne songe qu'à instaurer l'Art du peuple, l'Art du Moujick, et les tentatives de ce genre, si généreux qu'en soit le principe, succombent sous la même objection dont elles s'arment envers autrui. Nous serons bien avancés vraiment d'avoir conquis un Art du peuple, si nous n'avons plus que celui-là, si une minorité choisie, l'élite pensante cette fois, reste impuissante à s'y reconnaître! C'est bien de quoi, à n'en pas douter, nous sommes menacés par Soutaïeff. C'est bien, quoiqu'il l'ignore peut-être, l'obstacle des dernières années qui a paralysé le grand Tolstoï et l'a empêché de produire : il a trop pensé au seul moujick, étant né pour un autre emploi. L'idéal, tracé par lui-même, est plus vaste et aussi plus pénible. Il s'agit d'un art qui s'élève au-dessus des barrières de castes, d'un art de pure humanité, qui captive et prenne aux entrailles le savant aussi bien que le rustre. Peut-être, dans les conditions sociales actuelles, n'est-il même pas réalisable : mais il suffit de l'avoir entrevu pour ne pouvoir y renoncer, et, si nous y prenons bien garde, l'effort de chaque grand artiste est précisément celui-là (1). Faire rire et pleurer tous les hommes sans distinction de costumes, en faire penser quelques-uns : n'est-ce pas ce qu'ont voulu ce Molière en qui Tolstoï veut bien reconnaître « le génie le plus universel », ce Shakespeare qui porta ses tréteaux des tavernes de Londres aux salles princières, cet Ibsen enfin, toute patricienne que soit la pensée de son œuvre, (Tolstoï le hait bien, pour cela !) dont un critique anglais (2) a pu dire « qu'on ne le comprendrait « jamais en le prenant pour un peintre de la société, « car il peint l'humanité seule » ? Et, si nous parlons « d'art religieux », sans vouloir le définir encore, n'est-ce pas comme types d'un tel art que l'opinion publique a mis à part, ceints d'une auréole radieuse, un *Polyeucte*, un *Faust*, un *Hamlet* et un *Brand* ? Ainsi les principes de Tolstoï nous conduisent à des conséquences qu'il réprouve et qui sont l'opposé de ses conclusions. Il nous a suffi pour cela d'aller à la clef de voûte du système et d'in-

---

(1) Pas toujours : Notre bon Flaubert s'est même proposé le contraire, par mépris des bourgeois de Rouen ; mais la contradiction n'est qu'apparente, et il a souffert toute sa vie de cette claustration volontaire.
(2) M. William Archer.

terpréter autrement que lui le mot imposant mais si vague et qui masque tant de réalités diverses, le mot mystérieux : Religion.

Qu'il nous soit permis à présent de saluer une dernière fois, tout en rompant avec sa tutelle, le vénérable et rude Apôtre. Nous lui devons plus d'un bienfait : frappé du péril que court l'Art moderne de devenir un mandarinat, il n'a pas éludé le problème, il l'a posé avec maîtrise et résolu selon sa conscience. Il ne pouvait faire autrement. S'il s'est trompé en frappant trop fort, en fauchant l'épi avec l'ivraie, la franchise souveraine avec laquelle il a jeté ses propres livres sur le commun autodafé doit lui être une excuse suffisante. S'il a fait preuve, en parlant de la France, d'un aveuglement singulier à l'égard de notre littérature nationale (je n'ai même pas cité ce chapitre, qui prête à de faciles plaisanteries), cela prouve seulement que la *Revue Blanche* a eu pour lui plus de politesses que M. Ferdinand Brunetière. En quoi la *Revue Blanche* a eu raison. Sur un autre point son instinct profond ne s'est pas trouvé en défaut : je veux parler de la sortie violente qu'il fait contre Richard Wagner, soulevant une question trop complexe pour être, ici, même effleurée, et qui mérite une étude à part. Il suffit de rapprocher ces pages furieuses du célèbre opuscule de Nietzsche intitulé : *Le cas Wagner*, pour noter la curieuse rencontre d'un sauvage habitant de la steppe avec un intoxiqué de Bayreuth. En tous cas, le défenseur des moujicks, le champion d'un art populaire pouvait difficilement choisir un meilleur prétexte à lâcher sa verve destructive que cette prodigieuse réussite, concours de toutes les ressources modernes, due aux hallucinations d'un homme unique et au prodigue caprice d'un roi. Vilipendé ou porté aux nues, Richard Wagner, de l'aveu de tous, est, en effet, l'Artiste du siècle. La voie de Tolstoï fut différente. Elle l'a peu à peu éloigné du livre, à plus forte raison du théâtre. Parti du paganisme vigoureux des *Cosaques* (où perce déjà son amour de la terre dans l'idylle de la belle Marianna), après avoir embrassé et fait tenir toute la physionomie d'un temps en quelques volumes impérissables d'un effort lucide et toujours égal, le créateur de tant de vies humaines s'est senti lentement mordu de la nostalgie désespérée et du rajeunissement étrange que connurent les premiers chrétiens. Maintenant il se satisfait aussi bien en tenant la charrue qu'en maniant la plume ; il passe de muettes journées à faire des souliers, à pétrir de l'argile, à secourir quelque misérable. « Tel nous

« le voyons dans ses portraits, sous la blouse gros-
« sière et la ceinture de cuir, avec son visage massif,
« sérieux, souffrant et défait comme celui d'un Sam-
« son aveugle, mais invaincu (1) ». Quand nous
sommes tentés de regretter les poèmes sublimes
qui auraient pu naître, il faut regarder cette image.
Tant pis pour qui, devant la lumière de l'existence
qu'elle révèle, ne saurait pas fermer la bouche, et,
faisant un retour sur soi-même, se défendrait d'un
poignant frisson...

∗∗∗

Les dernières pages de *Qu'est-ce que l'Art* indi-
quent la possibilité d'une rénovation artistique et
donnent une rapide esquisse de ce que sera l'Art
de l'Avenir. Il est aisé de prévoir déjà quels points
de rencontre et quelles divergences nous allons
fatalement relever. Bien des remarques précieuses,
éclairant la conscience moderne, méritent d'être
recueillies. Tout ce que dit Tolstoï sur le réveil du
sens religieux en Europe, sur la lente éducation des
masses par les découvertes de la science, la presse,
l'immense poussée sociale dont les programmes

(1) Havelock Ellis.

économiques ne sont que le côté le plus apparent, les tentatives d'art populaire encore bégayantes mais loyales, tout cela est de grande marque et frémissant de cette vie intense que donne le souffle prophétique. Les progrès à faire par la science, encore enivrée, semble-t-il, de ses victoires sur la matière, enfoncée dans les règnes inférieurs, le passé, le document historique, et qui n'a effleuré qu'à peine le royaume vaste et mouvant de l'humanité inquiète, sont mis en lumière avec force. Horizons salubres qui font sourire des banqueroutes prétendues que signifiait chez nous naguère tel cuistre infatué de soi! Tolstoï sent très vivement ceci : qu'une nouvelle conception de l'univers s'élabore dans le cerveau de l'homme et doit bouleverser de fond en comble les rapports anciennement établis de sa vie individuelle et sociale. Sur ces ruines et dans cette aube, un art transfiguré doit naître. Que sera-t-il? Tolstoï répond : l'expression libre et toute spontanée de chaque émotion humaine chantée par le premier venu dans un moment de joie expansive, au hasard d'un jour de loisir. Plus de technique, plus d'écoles, plus de recettes fructueuses! Chacun travaillant de ses mains, les peines d'une vie laborieuse inspireront à quelques âmes le poème épars au cœur de tous. De simples histoires vécues, redites sous une forme brève et claire, une fable, une farce, une chanson, volant aussitôt de bouche en bouche, seront alors plus fort prisées que les œuvres de longue haleine empreintes d'une sueur de scribe où nous nous plaisons aujourd'hui. C'est là, on le voit, l'oubli serein de cette loi fondamentale sur quoi toute civilisation repose : la division du travail. C'est la mort sans phrases de l'Art, pour le profit incontestable des Béranger de l'avenir. C'est le triomphe de Soutaïeff. Il fallait d'ailleurs s'y attendre. — Est-il besoin de faire la riposte? Elle exigerait un volume, et je m'y sens mal qualifié. Il semble toutefois que des mêmes prémisses on puisse tirer, comme plus haut, une conclusion justement inverse. Ce n'est pas par le simple retour à son enfance primitive, c'est par des formes plus complexes adaptées au milieu tout entier que devra s'affirmer l'Art de l'Avenir. La technique, si importante, et sans laquelle l'émotion n'est qu'une flamme tout obscurcie, la technique, au lieu de disparaître, n'a qu'à se subordonner à la pensée pour que sa perfection même la préserve du procédé. La profession d'écrivain, même si elle fait vivre son homme (pourquoi n'y prétendrait-elle pas à l'égal de la cordonnerie, du maçonnage et du labour ?) sera honorée — elle l'est déjà — au même titre que les autres, dès que le lucre ira payer le seul labeur probe et sincère et ne sera pas poursuivi pour soi. Ainsi du reste. Dans ce sens, une société saine créera un art à son image, et, par un échange fécond, sera incitée par cet art lui-même à des réalisations plus hautes.

Il faudrait préciser enfin le plus capital des problèmes. Nous avons souvent, dans cette étude, parlé d'un Art religieux, et rejeté l'idée trop spéciale que nous en proposait Tolstoï. Par là que faut-il donc entendre? N'allons-nous pas heurter l'écueil de l'art moraliste et sermonnaire, de l'art à thèses et à leçons, si suspect, à bon droit, aux artistes? N'allons nous pas juste à l'encontre du classique génie français, qui aime mieux encore des étiquettes factices que risquer de confondre les genres en cherchant à les concilier? Rien n'est plus loin de notre pensée. Le royaume de l'Art, nous l'avons dit, est celui de l'émotion pure : toute idée, tout souci extérieur qui viendraient altérer l'émotion n'ont que faire ici ; il les faut bannir. Tolstoï lui-même s'en rend bien compte, qui nous offre la formule suivante : « L'art a pour objet de trans-« porter une conception religieuse du domaine de « la raison dans le domaine du sentiment. » Mais cette maxime a le tort d'être encore beaucoup trop étroite. « Conception religieuse, » en effet, implique un système défini, quelque chose d'arrêté, de borné. Que vaut un système mis aux prises avec l'infinie variété, les trésors sans fond de la vie ? Filet misérable, il n'arrachera de l'orageux océan où il plonge que quelques algues mutilées et des coquillages brisés. « Il y a plus de choses entre ciel et terre que « n'en savent vos philosophies », a dit autrefois le grand Shakespeare aux dialecticiens de tous les temps. Il en a montré des exemples. Mieux vaut, certes, pour produire un drame, l'ignorance sublime de ce braconnier du Yorkshire que n'importe quel système de morale ! Mais quoi ? un système est peu de chose, et je l'abandonne volontiers, en morale aussi bien qu'en art : car la morale, chose vivante, est elle-même un art aussi. Ne suffit-il pas, pour bien vivre, d'avoir confiance dans la vie, d'avoir au cœur un grand amour, quelques fortes notions primordiales, et d'agir simplement, sans toujours comprendre, selon que l'ordonne l'éternel instinct, en attendant que la certitude émerge peu à peu de la vie ? Ne suffit-il pas d'une Foi, je n'ai pas dit d'une Philosophie ? La Philosophie aura son tour, mais elle est le résultat, non la cause, résultat relatif et variable. Il faut avoir agi d'abord, si l'on veut

comprendre plus tard — ce n'est pas la devise
d'un mystique, mais de tout homme résolu — et
bienheureux qui, au bout des jours, peut ébaucher
une formule pour y faire tenir sa sagesse, perle
secrète et naturelle qui mûrit lentement au fond
des eaux ! Ce qui est vrai de la morale peut s'appliquer à l'œuvre d'Art. On voit combien je suis éloigné de faire intervenir ici je ne sais quel odieux
pédantisme qui froisserait les contours du Beau.
Non, l'œuvre d'Art n'a pas pour dessein d'exprimer une thèse préconçue; on ne l'aborde que d'une
âme neuve, avec une candeur d'enfant. Et cependant je crois fermement qu'elle non plus ne saurait
être complète sans impliquer l'effort religieux, sans
chercher à relier à l'ensemble l'acte partiel qui la
passionne, sans contenir, comme l'a dit un autre,
une peinture et un idéal. Cela fatalement a lieu
chaque fois que l'Artiste est sincère et qu'il se souvient d'être une âme. De même qu'il ne saurait
vivre sans concevoir une relation de ses actes avec
l'univers infini, relation qu'il faut découvrir, de
même, à plus forte raison, il ne saurait représenter la vie sans se mettre là tout entier, amour, douleur, désir et foi. Quand il ne saurait pas conclure,
force lui est bien de laisser à n'importe quelle action
humaine ce vaste inachevé tragique où l'on devine,

après l'épisode, dans le silence des paroles, le retentissement dans l'au delà. Cet écho, ce vide où s'enfonce le peu que nous savons et faisons, ce silence, c'est la Religion. Tout le reste, spectacle achevé avec la dernière tirade, sans un arrière-plan qui s'entre-ouvre, tout le reste n'est que jeu machinal et qu'intrigues insignifiantes. Peu importe, de ce point de vue, le contenu même de l'Art. Tolstoï dit, et il a raison, que l'événement le plus banal de la vie prend une signification auguste dès qu'on l'envisage d'un esprit chrétien, cela pour amener l'artiste à peindre l'aspect quotidien des choses. Nous dirons qu'un « sujet quelconque », historique, légendaire ou moderne, ne vaut que par l'âme qui le songe, et qu'on peut y voir trembler grâce à elle l'image du monde en raccourci. Il ne peut plus s'agir dès lors de dresser un catalogue officiel des thèmes permis ou défendus, ou même encore « indifférents ». L'Artiste est maître de toutes choses, il a licence illimitée : sa valeur intime seule importe et son parti pris à l'égard des formes dont il joue souverainement. Il ne songe qu'à être lui-même, en ses incarnations sans nombre, dédaignant une pesante férule : l'harmonie, l'union de tous les hommes, bienfaits suprêmes de la grâce, naîtront de ses chants sans qu'il y prenne garde. Celui « qui donne l'accroissement » lui donnera cela par surcroît. — Ainsi la Religion, en Art, n'est pas un système inflexible : c'est un mystère magnifique, une mélodie qui se prolonge, c'est l'ombre qui agrandit jusqu'aux astres le geste éphémère du passant, l'ombre dont Rembrandt baigne ses toiles et qui donne à l'éclair de l'œuvre un recul magique et émouvant. Elle transfigure le réel selon des lois insaisissables, lui donne le sceau d'éternité. Elle nous fait entrevoir soudain, parmi les décors illusoires, dans la divine liberté du songe, ce royaume de Dieu du vieux Tolstoï auquel aspirent tous les hommes, qui l'imaginent selon leur désir. Elle nous console du Présent qui passe, apparence tumultueuse, en soulevant parfois le voile d'une image calme et grandiose : l'Avenir inconnu qui nous attend.

LE DRAME ÉTRANGER A PARIS

PENDANT LA SAISON 1897-1898.

A Edouard Schüré.

Le Drame étranger tient à Paris, sur les grandes scènes ou chez les théâtres d'à côté, une place discrète, mais très honorable. Effacé, sauf de rares occasions, par la réclame à grand orchestre des " premières " du boulevard, il n'en attire et n'en retient pas moins un cercle fidèle et attentif. La jeunesse littéraire surtout, inquiète de l'avenir qu'elle porte en elle, et prompte à se chercher une idole qu'elle ait la fierté de découvrir, se presse à ces rares spectacles avec une ardeur passionnée. Ainsi notre Olympe artistique, parmi les statues consacrées qu'il offre aux admirations du passant, garde toujours un autel vide dans l'attente du " dieu inconnu ". Il peut ne pas être inutile, au début d'une nouvelle saison dramatique, de voir l'accueil qu'ont trouvé chez nous, pendant la précédente année, ces quelques œuvres venues d'ailleurs, et si l'on en saurait induire une influence au moins probable sur la pensée et sur l'art français.

Plutôt que de suivre les dates de leurs apparitions successives, je préfère étudier ces œuvres selon leur caractère propre et leur aspect. Aussi bien elles se classent d'elles-mêmes en deux ou trois groupes distincts. Le Midi et le Nord, le soleil et la brume, les races latines et les races germaniques forment un contraste indiqué.

Et voici *la Double méprise ou le Pire n'est pas toujours certain*, du poète espagnol Calderon, que nous a donnée l'Odéon. Une place antique, une fontaine, un banc, la lune, des balcons; au lointain un air de guitare; un manteau soulevé d'une rapière.., Est-ce Cyrano de Bergerac ? Non, c'est don Diègue Cantellas, et, s'il dit des vers forts bien faits, c'est qu'ils sont traduits par Victor Margueritte. Ah ! que nous voilà bien chez nous !...A quoi bon raconter l'intrigue ? Vous la devinez sans la connaître. Corneille nous l'a racontée, et Beaumarchais, et Alfred de Musset, et Rostand lui-même... Il suffit. A peine quelque outrance dans l'intrigue, une façon vraiment impudique de simplifier les caractères et de compliquer les appartements dénoncent l'auteur castillan. Nous autres Français, même avant Paul Bourget, nous piquâmes toujours de psychologie. Nous dissertons bon gré mal gré.

Les *Terres Basses* (Terra Baixa) d'un Espagnol encore, Angel Guimera, drame féroce de grande allure, offre — mais porté au tragique et sur un ton beaucoup plus moderne — le même caractère national de simplification des types et d'émotion dans l'aventure. M. Francisque Sarcey a dit ici le très vif succès qu'eut cette œuvre jouée par Mlle Maguéra au théâtre d'Auditions. Je n'y insisterai donc pas.

La représentation de *La Ville Morte* au Théâtre de la Renaissance fut un événement littéraire, comme il convient à une pièce qui réunissait sur l'affiche Sarah Berhnardt et d'Annunzio. Rarement d'ailleurs accord plus parfait fut obtenu entre un poème et le décor qui le manifeste. Nous avons vraiment vu vibrer là sur les campagnes d'Hellénie la morne désolation du soleil qu'évoquaient les strophes merveilleuses. Et Mme Sarah Bernhardt une fois de plus, par la grandeur lassée du geste et l'accablement de son corps, exprima la fatalité antique et la désespérance moderne. C'est dire le genre de plaisir qu'on put goûter à ce spectacle. Pas plus que dans ses romans, à mon sens, M. d'Annunzio n'y a révélé le don de faire vivre et parler des âmes. L'histoire de ce triple amour, de ce renoncement et de cet inceste nous a laissés indifférents. Mais le style jette là-dessus une splendeur lyrique et plastique étonnamment prestigieuse. Le public s'est parfois laissé prendre à tant de beautés prodiguées, transparentes sous une traduction digne d'être elle-même un modèle, encore que ce fussent des beautés mortes. Et la secrète joie d'y reconnaître des qualités chères en France depuis Chateaubriand et Flaubert, ces grands musiciens de la prose qui l'animèrent de tous les frissons, la sympathie vaguement émue pour une « Renaissance Latine » (un peu vite prophétisée) ne furent certes pas étrangères à l'indulgence de cet accueil.

Suit un groupe de pièces plus ternes, malgré leur valeur appréciable, trop loin de nous pour nous être accessibles, ou peut-être trahies à la scène, et que je mentionnerai seulement. C'est le *Richelieu*, de Bulwer-Lytton, traduit en prose par M. Charles Samson, dont le généreux romantisme et la pompe un peu surannée n'ont trouvé qu'un médiocre écho chez un public de moins en moins sensible à *Marion Delorme* et à *Ruy Blas*. C'est le *Clavijo*, assez mal choisi pour donner chez nous une idée du puissant théâtre de Gœthe, de qui Paris connaît seulement le premier *Faust* grâce à Gounod, et le *Werther* grâce à Massenet. *Clavijo* a de plus l'inconvénient de mettre en scène un héros trop français, l'auteur même de l'immortel Figaro, Beaumarchais, dont la verve fébrile et mordante fait tort dans notre souvenir à la sérénité noble, mais un peu lente, du poète allemand. Souhaitons que le jour vienne, pour lui comme pour Shakespeare, où nous le connaîtrons enfin dans son intégrale beauté, et non desservi par le masque d'une adaptation de hasard. — C'est aussi le *Révisor* de Gogol, que les amateurs de littérature russe vantent comme une excellente étude de mœurs administratives locales, et qui nous a divertis seulement par son côté vaudevillesque. C'est enfin *l'Echelle* de Van Zype et *le Balcon* de Gunnar Heiberg, où les plus fervents admirateurs des productions scandinaves n'ont pu trouver que des intentions de profondeur et de génie, trop vite et trop souvent noyées dans une fâcheuse obscurité.

Nous voici arrivés aux trois auteurs les plus dignes, à divers titres, de représenter le drame étranger, et qui se sont, de gré ou de force, déjà imposés à l'attention du tout Paris pensant ou seulement curieux : Ibsen, le vieux maître norwégien, Bjornstern Bjornson, son rival, et ce jeune Gerhart Hauptmann que d'aucuns disent son disciple, gloire naissante de l'Allemagne.

On a joué d'Ibsen pendant la dernière saison quatre pièces, soit à l'Œuvre, Théâtre-Libre dont c'est presque la spécialité, soit au Théâtre-Antoine (ex-Théâtre-Libre) qui, de ce côté comme de bien d'autres, a frayé la voie le premier. Ces pièces sont *Rosmersholm, les Revenants, Un Ennemi du Peuple, Jean-Gabriel Borkman.* Toutes, à l'exception de *Borkman*, sont des reprises, non des premières : fait digne d'être retenu.

Il me semble que ces quatres œuvres, écrites les unes dans la maturité tardive, l'autre dans la vieillesse admirable de leur septuagénaire auteur, donnent une idée suffisante de son rude et fécond génie. Elles appartiennent à cette période où, revenu des drames historiques, lassé des grandes constructions de songe dont *Brand* et *Empereur et Galiléen* restent les exemples impérissables, le vigoureux Viking du nord s'attaque à notre vie moderne dont il éprouve en ses mains pesantes, l'un après l'autre, les fondements. C'est d'abord par essais mal venus (*la Comédie de l'Amour, l'Union des Jeunes*) qu'il se mesure avec cette nouvelle tâche. Puis sa force devient plus assurée : c'est alors qu'il se plaît à bâtir ces « demeures claires et logeables » et pourtant « surmontées d'une tour » dont il nous parle dans *Solness,* alors qu'il nous donne ces pièces embrassant la vie et le rêve dont la prodigieuse série commence avec *Maison de Poupée,* et n'est pas achevée encore avec *Jean-Gabriel Borkman.*

Dans ce cycle vraiment épique, *Romersholm* et les *Revenants* font partie des drames intimes, l'*Ennemi du peuple* est un drame social, *Borkman* appartient à une troisième manière que nous tenterons de caractériser. Les sujets sont bien connus de tous. Qu'advient-il de deux êtres nobles, libres, s'aimant d'un amour chaste, s'ils ont entre eux un crime antérieur qu'ils ignorent ou n'osent point s'avouer, si leur amour a coûté la vie à un troisième être plus faible, lui aussi assoiffé de bonheur ? Comment la morte revivra-t-elle entre Rébecca et Rosmer, paralysant toutes leurs énergies, tout leur élan vers la beauté ? Comment, par un philtre implacable, les attirera-t-elle à leur tour dans le torrent où elle s'est jetée ? C'est la fable de *Rosmersholm.* — La lente dépression d'un jeune homme doué de facultés exquises que le clair soleil d'Italie a fait s'épanouir une heure, et qui, de retour en Norvège, sent croître et triompher en lui l'atavique folie due aux fautes d'un père, sous l'œil désespéré de la mère impuissante, c'est toute la trame des *Revenants*. — La lutte, obstinée et farouche, d'un petit médecin de district champion de la vérité contre toutes les forces sociales coalisées pour le mensonge, la défaite de ce réfractaire, ses vitres brisées, son exil, en deux mots c'est l'*Ennemi du Peuple*. On put voir, lors de ce dernier spectacle, combien ce cas particulier symbolisait de façon grandiose l'éternel conflit de la conscience et des intérêts politiques, à la méprise d'un public qui ne vit là qu'un procès moderne, jusqu'à oublier l'œuvre d'art. — Et *Jean-Gabriel Borkman* enfin, c'est la haute et touchante figure du génie vieilli, solitaire, dont l'œuvre a été faussée, avilie, par un manquement initial, une « faute contre l'amour », qui voit l'avenir lui échapper sous les traits d'un fils inconscient, et qui meurt de froid un soir d'hiver, assisté de la femme au grand cœur dont il brisa la destinée. Œuvre singulière et poignante, où l'Idée décharne le drame et le ramène trop à soi, mais émouvante par son héros, qui cette fois est Ibsen lui-même, et par cet accent douloureux de confidences personnelles que l'impérieux dramaturge, en cette fin de sa journée de labeur, consent à nous laisser entendre.

Une pensée domine ces pièces et permet de les embrasser, la même, obsédante pensée qui, depuis Brand, occupe Ibsen et fait le centre de son œuvre: cet héroïque " Etre soi-même " qu'il a constamment opposé au " Se connaître " des anciens, et la lutte de l'âme volontaire qui cherche en vain à " être soi-même ", et, dans toutes les sphères d'action, se débat contre le Destin. Fatalité de la chair pécheresse, qui fait expier aux fils les luxures des aïeux, fatalité de l'amour trahi qui désempare l'âme délicate, fatalités de l'organisation sociale qui garrottent l'homme d'élite, fatalité de l'orgueil même, qui perd le génie imprudent, tout cela c'est la longue Odyssée de l'Esprit qui se soulève, puis retombe, Sisyphe impuissant. On y sent la plainte du poète dont l'étreinte est moins grande que le monde (comme dans le *Moïse* d'Alfred de Vigny), la plainte peut-être d'une race qui ne s'est pas réalisée, plus simplement la plainte de l'homme en quête d'un moins sombre avenir, et c'est là ce qui fait de ces drames des œuvres vraiment fraternelles. — Faut-il dire leur charme profond, cette atmosphère terne et grise déchirée d'éclairs magnifiques, ces échappées sur la nature et sur la vie intérieure, ce son mystérieux d'un au-delà plus pur, cette soudaine lumière qui éclaire et repose comme une belle soirée de Norvège à la fin d'un long jour brumeux ? Ces choses se sentent mieux qu'on ne les décrit. Elles nous font mettre *Rosmersholm*, avec *la Dame de la Mer*, parmi les livres de dilection qu'on aime comme de beaux paysages où soi-même on aurait vécu. Mais ce qui, dans ces pages, nous importe, c'est la sympathie grandissante avec laquelle un public plus large salue de jour en jour des pièces naguère en proie aux seuls esthètes et foudroyées par maint grand critique. Ibsen n'a plus à conquérir ses lettres de naturalisation. On ne lui marchande plus, à Paris, un enthousiasme parfois éclairé, n'en déplaise à M. Brandès. Quelles qu'en soient les conséquences, c'est le fait capital à constater.

Depuis le retentissant succès d'*Au delà des Forces humaines* (joué à l'Œuvre l'an dernier) Bjornstern Bjornson, lui aussi, a conquis les cercles littéraires, bien que de son œuvre originale et de tendances si multiples nous ne connaissions guère que trois pièces : *le Gant*, *Au Dela des Forces*, *Une Faillite* (1). Cette dernière seule a été jouée, cette

(1) *Léonarda*, *le Roi* ont été traduits en français, mais non pas, que je sache, mis à la scène.

année, au Théâtre-Antoine qui la révéla. Les deux cents représentations qu'elle a eues en Norvège, en Allemagne et en Italie, et chez nous, cette reprise récente me dispensent d'une analyse. C'est l'étude, assez forte et parfois touchante, d'un cas dramatique particulier, où l'argent est le grand ressort d'intérêt, ainsi que le titre l'indique. Bjornson y fait preuve de cette aptitude très spéciale à traiter sur la scène et à rendre émouvantes des questions en elles-mêmes abstraites dont il donne ailleurs (dans *le Roi*) un exemple si remarquable. Il y a là un tragique d'une essence toute moderne, qu'Henry Becque découvrit lui aussi dans sa pièce curieuse, aujourd'hui classique, *les Corbeaux*. Le danger de pareilles tentatives est d'être trop particulières et de ne provoquer chez le spectateur qu'un intérêt respectueux, mais un peu froid. Bjornson n'y a pas entièrement échappé. Il a trouvé un fait-divers captivant sans doute, mais dont il n'a pas fait jaillir comme ailleurs une grande émotion humaine. Cela reste loin de l'épopée religieuse et lyrique qui s'appelle *Au Delà des Forces*. Le " drame d'argent " est une aventure difficile, qu'on peut tenter après *Une Faillite*. Le chef-d'œuvre, en ce genre, est encore à venir.

Avec *les Tisserands*, de Gerhart Hauptmann, se

clôt la série de pièces qui nous occupe. On n'a pas oublié dans le monde des théâtres le tapage assaisonné de scandale qu'avait fait à son apparition ce spectacle toléré en Allemagne par l'autorité impériale. Nous sommes-nous blasés depuis lors ? Toujours est-il qu'en faisant au caractère plus ou moins révolutionnaire de l'œuvre la part qui convient dans les ovations dont elle fut l'objet cette fois encore, le public semble s'être attaché à son côté plus largement humain, avoir à loisir reconnu le drame pour ce que réellement il est, et par quoi il restera grand : un chant de la douleur et de la pitié. Bien différente, quoi qu'on en ait dit, des œuvres avant tout cérébrales d'un Ibsen ou d'un Bjornson, inférieure en portée, sans doute, mais de réalisation parfaite, celle-ci en effet est d'abord un poème, sans thèse ni déclamations, un poème poignant de sentiment vrai. Elle émeut comme une musique, comme ces ballades jaillies, en Allemagne plus souvent qu'ailleurs, de l'âme enfantine du peuple. C'est l'histoire banale d'une grève : on souffre, on se révolte, on meurt. C'est surtout le tableau d'une population humble et grave qu'on sent familière à l'auteur (son grand-père était tisserand). Et rien ne donne mieux à ce drame si saisissant de réalisme, en son aspect pauvre et brutal, une allure de grandeur épique que ce caractère impersonnel, cet anonymat d'une pièce où il n'y a pas de héros, où la foule est le seul personnage, faite de figures souffrantes qui se confondent dans la mort. Il serait, à ce point de vue, édifiant, et bien significatif de deux races, de faire la comparaison d'un tel art avec celui de deux pièces françaises, contemporaines elles aussi : *le Repas du Lion* de François de Curel, et *les Mauvais Bergers* d'Octave Mirbeau. Contentons-nous de dire que *les Tisserands* sont dans leur genre un pur chef-d'œuvre (auquel je ne vois, dans ce genre même, de supérieur qu'*Au Delà des Forces*) et furent acclamés selon leur mérite. Maints passages de lyrisme intime, la ballade du second acte, la mort du vieil Hilse au dernier, sont des trouvailles de génie. Elles furent servies, il convient de le dire, par l'admirable troupe du Théâtre-Antoine, mieux capable qu'aucune autre à Paris de rendre ce mélange unique de rudesse grossière et d'art exquis. Voilà un succès fait pour consoler Gerhart Hauptmann de l'échec de *la Cloche Engloutie*, dont le charme légendaire trop spécial n'avait pas été, l'an dernier, pleinement compris du public, et sans doute ne pouvait l'être, ni rendu par la traduction.

Ce sommaire exposé justifie, je l'espère, ce qu'avançaient mes premières lignes de la place tenue à Paris par le drame étranger. Cette place pourrait être beaucoup plus large, et je la crois appelée à grandir. Bien que notre langue soit moins souple que d'autres à rendre des génies différents du sien, il ne faut pas désespérer de nous voir posséder un jour, à côté de notre glorieux répertoire, le cycle complet des chefs-d'œuvre qui, partout ailleurs, sont classiques. Des efforts de plus en plus sérieux se font chaque jour dans ce sens. Le nom même de cette Revue (1) exprime, avec leur raison d'être, le besoin confus auquel ils répondent, besoin multiplié d'échanges d'où naît et où se fortifie cette conscience universelle qui est la meilleure garantie future de notre civilisation. Et l'on peut hardiment prédire que toutes les initiatives propres à favoriser ce beau commerce des pensées trouveront de plus en plus vite un public fait pour les comprendre et disposé à les soutenir.

C'est ici qu'une seconde question se pose. Quelle influence auront ces spectacles sur notre littérature nationale ? Cette influence est-elle possible ?

(1) Cosmopolis.

Est-elle, en ce cas, désirable ? Grand débat, déjà ouvert ici-même, où je ne prétends point conclure, mais dont les réflexions suivantes peuvent servir à esquisser les principaux traits.

Cette influence est-elle possible ? On entend bien qu'il s'agit ici des littératures du Nord, seules assez différentes de la nôtre pour prétendre la modifier. Il est clair que des emprunts faits aux langues espagnole et italienne, si intéressants qu'ils soient en eux-mêmes, ne peuvent être accidentels, ne peuvent point nous enrichir d'aucun trésor bien inédit. Depuis *le Cid*, c'est transfusion faite. Nous retrouvons là notre bien. — Il est loin d'en être de même des produits russes, germains, scandinaves : les scrupules que nous éprouvons à leur donner l'hospitalité, mal dissimulés ensuite par un enthousiasme plus ou moins factice, en témoignent suffisamment. Je sais bien que M. Jules Lemaître, dans un article qui a fait date, a voulu retrouver jusque chez ceux-là notre défroque littéraire, les taxant de purs travestissements d'idées vulgarisées par nous. C'est joliment retourner l'attaque, mais il ne faut voir là qu'un des paradoxes chers à ce critique subtil, et n'en être pas dupe plus que lui-même. D'ailleurs qu'importent les idées ? Ce que *Brand*, ce que *Rosmersholm* nous apportent, c'est *une façon de sentir la vie* ? Là est le secret de leur force. Ce secret nous est-il accessible ? Sommes-nous capables de l'assimiler ? Non, répond un de ceux-là même qui ont le mieux analysé et le plus fortement marqué l'attrait du génie d'un Ibsen, M. Emile Faguet. Les Français peuvent aimer Shakespeare, peuvent s'échauffer l'esprit pour Gœthe, peuvent applaudir Ibsen et Tolstoï et même d'aventure les comprendre... Les imiter, les reproduire, même de loin ? Cela, jamais. Ces auteurs seront toujours pour nous lettre morte. J'avoue que ce raisonnement m'étonne. En admettant qu'il ait ou paraisse avoir des fondements dans notre histoire littéraire, le propre du génie d'un peuple n'est-il pas de démentir son histoire, tant qu'il est robuste et vivant ? La merveilleuse floraison du romantisme, où Lord Byron eut une si grande place, n'est-elle pas une de ces surprises ? Au dix-huitième siècle même, l'influence des romans anglais aurait pu passer pour non avenue, s'il ne s'était trouvé un certain Rousseau pour écrire *la Nouvelle Héloïse*. L'émotion d'un jeune homme solitaire devant tel chef-d'œuvre d'une autre race peut ainsi enfanter un chef-d'œuvre qui dément toutes les théories. Nul ne saurait prévoir le succès de ces greffes mystérieuses d'où naîtra le fruit inconnu. Il paraît plus sage de dire que des questions de ce genre ne peuvent se trancher *a priori*, et de respecter les possibilités indéfinies de l'Avenir.

Mais faut-il désirer le miracle? Ne sommes-nous pas assez riches pour vivre de notre fonds propre? Ne devons-nous pas repousser, violemment s'il le faut, l'intrusion d'éléments étrangers qui viendraient altérer et gâter notre pure tradition héréditaire? On reconnaît ici l'accent irrité et volontiers impérieux des protectionnistes de lettres. Gens admirables que ceux-là ! Ils se sont fait un certain dogme, une conception *ne varietur* de ce qu'ils appellent « l'esprit français », et repoussent d'une humeur sereine toutes les œuvres non brevetées qui s'écartent de cette conception. Ils enserrent ainsi en un cadre inflexible la prodigieuse fécondité d'une race qui a produit Rabelais et Racine, Bossuet et Pascal, Molière et Hugo, Voltaire et Balzac, et prétendent la faire tenir dans une « claire définition » ! Nous connaissons ce jeu d'école. Il est des heures de notre histoire où il est même devenu une sorte de programme politique, et où c'est à qui veut ébrancher le vieux chêne vivace de la Gaule jusqu'à ne lui laisser que le tronc. Il est à souhaiter que l'Art préserve ses régions plus pures de ces ostracismes funestes. Si le génie français est grand, c'est peut-être, on l'a dit parfois, parce qu'il est plus humain qu'un autre, parce qu'il est la fleur d'une race qui n'est, exclusivement, ni germaine, ni latine, mais participe de ces deux âmes dont elle trouve en soi l'écho. Et français il l'était encore, le vieux magicien celtique endormi dans Brocéliande qui peut avoir de soudains réveils... S'il en est ainsi nous n'avons rien à gagner, tout à perdre, à nous isoler de l'univers. Le danger que nous pourrions courir, après nous être imbus de l'antique jusqu'à vouloir nous confondre en lui, sans y parvenir heureusement, serait de nous répéter nous-mêmes, début de toute décadence. Le remède est de tout connaître, pour dégager des contacts divers une personnalité plus vivante faite d'éléments rajeunis. C'est un maladroit chauvinisme, d'une modestie bien pitoyable sous son apparence d'orgueil, qui peut craindre la comparaison de toutes les grandeurs artistiques, comme si la nôtre, en ce congrès libre, devait pâlir et s'effacer. Il faut aspirer aux horizons vastes et communier avec le monde, dans l'intérêt même de cette cause patriotique qu'on croit défendre en l'anémiant.

Notre conclusion sera donc : toutes les portes grandes ouvertes pour laisser entrer l'air du de-

hors. Le moment est enfin venu de laisser de côté
les discussions stériles, pour s'instruire, humblement et sans bruit, auprès de tous les Messagers
du Verbe qui nous apportent un flambeau. Ceux
dont nous avons dit les noms ont pour nous des
trésors en réserve, si nous savons écouter leur voix.
Il ne s'agit pas ici, bien entendu, d'imiter une forme d'art. L'imitation d'une forme quelconque est
la mort certaine de l'art. Notre technique étant en
soi plus parfaite que celle des peuples du Nord,
l'imitation, dans ce cas, serait même particulièrement désastreuse. Il ne s'agit pas de prôner l'obscurité sous prétexte de profondeur, le manque de
lignes et d'idée maîtresse sous couleur de mystère
et de liberté. Mieux vaut cent fois, à ce point de
vue, plagier Racine qu'Ibsen. Cela est largement
accordé. Peut-être entrevoit-on assez par ce qui
précède le bienfait d'un ordre tout autre qu'on peut
espérer recueillir du commerce assidu d'un Ibsen,
d'un Bjornson ou d'un Tolstoï. Ce que ces grands
hommes peuvent nous apprendre, justement parce
que leurs races plus jeunes sont plus naïves devant
la vie, c'est de voir le tragique de cette vie, non
plus sous des voiles légendaires et dans des conflits
consacrés, mais sous ses espèces les plus humbles
et dans ses tableaux innombrables, c'est de sentir

le drame intérieur qui se déroule au fil des jours en apparence les plus obscurs. Ils ont, avouons-le de bonne grâce, mieux que nos savants dramaturges, le don de l'émotion simple, de l'étonnement, du sérieux. Ils ont aussi, pour nos réalistes qui croient connaître la vie quotidienne, le monde infini de la conscience, l'au-delà de la foi nouvelle qui, dans les désastres d'une ère troublée, s'élabore invinciblement. A nos cerveaux lassés de signes et de motifs conventionnels ils offrent une *matière d'art* sublime qui réclame, même après eux, des ouvriers. Don royal véritablement, pour l'écrivain digne d'en faire usage, qui le contraint à oublier ses maîtres et à se découvrir en créant ! Nous aurions tort de le repousser. « Enrichis ta vie intérieure et retourne « vers la Nature » a dit, voici plus de trois siècles, le grand et sincère Albrecht Dürer. C'est le cri de toute Renaissance, c'est la devise du salut. Ainsi notre civilisation vieillie, lourde de gloires précieuses, si elle a vraiment le courage de laisser tomber sa couronne pour se pencher aux sources vives, à l'instar de ses sœurs plus frustes, y puisera la jouvence éternelle de rajeunissement et de beauté.

UN RÉALISTE ALLEMAND

GERHART HAUPTMANN

A Jean Thorel.

Gerhart Hauptmann naquit, en novembre 1862, à Salzbrunn, petite ville forestière de la Silésie, où les malades, en été, font des cures d'air, de soleil et d'eau. Son père tenait là une auberge, florissante d'après les gravures, à l'enseigne : *la Couronne de Prusse*. Cet honnête homme acquit en son commerce une fortune confortable. Il eut de même, ainsi qu'il sied, plusieurs enfants, qui vinrent au monde, comme ils disent là-bas, « avec une cuiller d'or ». Gerhart est le cadet de deux frères qui montrent des talents divers dans la science et l'industrie.

Lui fut un médiocre écolier. Nos journaux ont conté l'anecdote de ses devoirs qui, lus à voix haute, excitaient la risée de ses camarades. Quand par hasard il fit un jour un travail digne de remarque, il fut tancé pour plagiat. Il se le tint pour dit et resta cancre. La discipline universitaire ne semble pas, en Allemagne plus qu'ailleurs, propre à l'éclosion des poètes. C'est à elle peut-être que le jeune homme dut de s'ignorer pendant longtemps.

Échappé aux férules scolaires, il rima d'abord, pour son plaisir, des poésies assez indécises, sans montrer un goût très ardent pour aucune des professions où la société nous enrégimente. Il ne fut, de vingt ans à vingt-huit, qu'un sujet fort peu glorieux de Sa Majesté Impériale, et, parmi la grande fièvre active qui emporte aux conquêtes mercantiles ses compatriotes avisés, il resta livré aux dégoûts intimes et aux nonchalances subtiles d'une âme de trempe supérieure qui n'a pas découvert sa voie.

Ce n'était point faute de la chercher, ni de croire la trouver de temps à autre, cette vocation mystérieuse de « ceux qui ont là quelque chose ». Comme le merle blanc d'Alfred de Musset, Gerhart Hauptmann, selon ses rencontres, crut souvent se reconnaître en autrui et changea maintes fois de destinée. Tout en écrivant ses poèmes, sous l'influence d'Andersen d'abord, puis de Byron et des Romantiques, il songeait vaguement à un drame sur l'histoire de l'antique Germanie. La figure du bar-

bare Hermann, seul debout devant Rome orgiaque,
attira sa jeune fantaisie. Puis ce furent les sciences
naturelles avec son frère Carl, à Breslau. Puis des
rêves philanthropiques éclos au cours des longues
flâneries avec des amis de la grande ville. Le bio-
graphe ne nous dit pas, mais je jurerais bien sans
lui, que cet adolescent inquiet s'est rêvé plus d'un
soir l'âpre élu des revendications sociales.

L'instinct d'art dominait toutefois. Il se révéla
sous une forme imprévue. C'est par l'étude de la
sculpture que le dramaturge de demain essaya son
effort de beauté, sa première étreinte muette avec
le rêve impérieux. Il pense alors tenir sa voie. Il
quitte les brasseries, les brouillards tudesques, les
étudiants et les philosophes, et s'évade aux pays
de clarté. C'est l'époque des voyages enthousiastes
en Espagne et en Italie, bienheureux séjours de la
grâce où l'homme du Nord s'émerveille et voit
s'épanouir soudain les trésors confus de son génie.
C'est les haltes à Naples, à Rome, où le jeune
Hauptmann loue un atelier et s'absorbe dans la
caresse silencieuse de l'argile, devant les chefs-
d'œuvre du passé. Cependant, en cette belle débau-
che de paganisme aventureux, l'écrivain maladroit
s'obstine à vivre, et nous retrouvons dans ses *lie-
der* l'écho de son âme véritable, sérieuse et senti-

mentale. Au lieu de l'ivresse panthéiste que respirent les distiques d'un Gœthe découvrant la Vénus éternelle, se glisse là une note qui étonne, de souffrance humaine, de pitié. Détail qui marque le pas d'un siècle : le spectre de la misère italienne gâte, pour ce passant sincère, le magnifique sourire de Naples. Il se mêle d'apercevoir que le soleil sur des haillons n'est pas une parure suffisante. Voilà un Romantique suspect.

Encore, paraît-il, il médite un drame sur *La Mort des Gracques*, choix significatif à son insu, comme, en général, tous les premiers choix. Il ébauche un *Tibère* en cinq actes qui ne devait pas voir le jour. Et voici le retour en Allemagne, après l'éblouissement du songe, le mariage (mai 1885), la vie à Berlin. Il semble que, dès lors, Hauptmann ait souffert de sa double vocation qui ne le réalisait pas tout entier, et cherché à sa veine lyrique et à ses dons de statuaire un plus parfait accomplissement. C'était l'heure où la mort de Wagner faisait un glorieux silence et laissait en chaque âme d'artiste ce rêve trouble et grandiose de fusion de tous les arts qui serait la mort de chacun d'eux. Comme un Pygmalion moderne inquiet de l'hostilité du marbre, celui qui sentait frémir en soi une âme de sculpteur et de poète rêvait d'une statue sublime

qu'animerait, pour l'ivresse totale, le prodigieux
frisson de la vie. Rêve, déjà, de dramaturge, mais
élyséen, mais impossible... Affronterait-il jamais
les planches, grouillantes d'humanité bestiale ?

Et toujours cet ardent esprit explore mille voies
nouvelles. Nous le voyons plongé soudain dans
les études religieuses, esquisser — après combien
d'autres — le projet d'une vie de Jésus. Il écrit un
poème ambitieux, plein de choses, *Le Sort des
Prométhides*, où l'essor d'une pensée forte parfois
soulève et rajeunit, parfois brise comme une entrave la forme conventionnelle du vers. Mécontent
de lui-même encore, il supprime la suite du recueil.
Enfin il lit Tolstoï, Zola, les grandes épopées en
prose : la puissance du roman lui est révélée. Il
s'attache, pendant plusieurs mois, à une vaste
étude autobiographique dont quelques fragments
ont paru. Il ne lui restait vraiment plus à tenter
qu'un essai : le drame. Il le fit et s'en trouva bien.

C'est au début de 1889 qu'a été jouée au théâtre
libre de Berlin, par les soins de MM. Otto Brahm
et Paul Schlenter, la première pièce d'Hauptmann,
Avant le lever du soleil. Elle eut la gloire et le
scandale d'un beau début et d'un manifeste. Le
poète byronien, le sculpteur épris de beauté grecque est devenu, ici, tout à coup, le fougueux cham-

pion du naturalisme. On dit, et je veux bien le croire, que des doctrines réalistes importées de Paris à Berlin, un opuscule retentissant de Arno Holz, *Papa Hamlet*, furent pour lui l'éclair de Damas, lui ouvrirent les horizons. Si cela est, tant mieux pour nous. Mais les doctrines, quand elles font ce miracle, sont venues confirmer à point un profond travail intérieur, justifier un instinct tout puissant qui se serait fait jour sans elles. La vérité, c'est que le jeune Hauptmann, longtemps prisonnier des livres, venait enfin de relever la tête et d'entrevoir le monde moderne. Il venait d'entendre le cri de l'Allemagne meurtrie par le chancelier de fer, de l'Allemagne, en gésine douloureuse, comme les autres nations, à travers les progrès de la science et le halètement des industries, d'une foi sociale nouvelle. Et il avait compris que le théâtre, au lieu de je ne sais quel jeu dérisoire, pouvait être l'écho de ce monde, l'image poignante de la vie, une force et une joie pour les âmes. Il écrivit sa première pièce tout enivré de la découverte. Il fut conspué, il fut applaudi, mis hors la loi, proclamé chef d'école. A tort ou à raison, peu importe. Il était vainqueur de lui-même, il s'était trouvé.

**

Dix ans ont passé depuis lors. Gerhart Hauptmann a écrit dix pièces. Son histoire désormais est celle de son œuvre. Il est aisé d'en marquer les étapes.

Cet *Avant le lever du soleil*, qui fit émeute véritable chez le bon public berlinois, est un puissant tableau de mœurs. Il nous montre des paysans enrichis par une exploitation minière, en proie aux basses passions d'argent, dégradés par un vice terrible, l'empoisonnement alcoolique, qui ronge les hommes et tue les femmes. En ce milieu d'enfer dantesque passe une figure d'idéologue épris de justice et de revanche futures; une idylle naît entre lui et une jeune fille de l'endroit, atteinte de l'affreux mal qu'il ignore. Il découvre le secret et s'enfuit, et la jeune fille se tue. L'histoire pourrait être hideuse; elle est étrangement attachante. C'est que le don mystérieux de la vie anime ces silhouettes brutales; nous les connaissons tout de suite, elles nous parlent, nous les aimons. Une angoisse, une fatalité les dominent. Il n'y a là aucun parti-pris, aucune forfanterie de laideur, comme dans nos comédies rosses, mais une satire vigoureuse et franche. Et une scène d'amour admirable éclate et chante comme un hymne au-dessus des vilenies ambiantes. Ce drame faisait beaucoup plus que prouver la justesse d'une thèse. Il annonçait un tempérament.

Même effort, même tenue esthétique se retrouvent dans *Fête de la Paix* et dans *Ames solitaires*. *La Fête de la Paix* nous offre une collection de névroses. Une famille déchirée de scènes atroces veut se réunir de nouveau, sous l'influence de deux femmes aimantes, autour de l'arbre de Noël d'antan, oublier les mauvais souvenirs, inaugurer une ère nouvelle. Le génie de la discorde l'emporte, et le rideau se baisse sur des ruines, des plaintes de folie, une mort... Tableau fatigant et sinistre, vision d'humanité malade, convulsée par des affres nerveuses et sans espoir de guérison, que l'auteur nous impose de force, par la superbe et la furie du seul mouvement dramatique. Manque de goût, excès de tragique, mais Hauptmann essaie là sa verve. Les *Ames solitaires*, grisaille plus discrète, de gestes rares et d'attitudes lentes, disent l'agonie d'un ménage troublé par l'*Étrangère* qui passe. Le mari la renvoie et se tue. C'est une variante de *Rosmersholm*. Ces trois poèmes se ressentent d'ailleurs des conceptions ibséniennes, moins par une volonté expresse que par une affinité naturelle. Hauptmann, je pense, ne se fâcherait point de cet illustre cousinage. Il va s'affranchir sans tarder.

Le voici, en effet, passé maître. *Les Tisserands*, drame social, datent de 1892. Ceux-là ont franchi la frontière. Les premiers ils nous ont apporté le nom de l'écrivain allemand, et, grâce à la troupe d'Antoine, ont retrouvé à Paris l'écho des acclamations et des colères qui les saluèrent à Berlin. Je suis sûr que le souvenir de ces figures hâves en ces décors tristes, de ces parias anémiques que la folie de la révolte enivre d'un vin trop puissant, de cette poussée révolutionnaire rythmée d'un refrain frénétique, que toute cette histoire de vie, grandiose parce que banale, est resté présent à tous ceux qui virent une fois ce spectacle. Hauptmann, ici, n'imite plus personne, oublie écoles et modèles. Il agrandit l'art allemand d'un fief bien à lui, qu'il découvre. Il évoque cette légende du peuple que nous oublions trop souvent pour de vaines psychologies, et le rude tableau fait pâlir maintes catastrophes mondaines. Il n'a eu pour cela, comme tout poète, qu'à remonter aux racines mêmes de son enfance et de sa mémoire. Son grand-père était tisserand : les tableaux de la famine silésienne avaient frappé les yeux surpris du mauvais petit écolier dont nul ne lisait l'âme farouche. Lui-même a voulu s'effacer derrière ses héros misérables pour que leur cohue en détresse parût plus grande et plus sinistre dans la nuit où elle se déroule. Ce simple épisode marque une date : il signifie la Grève moderne. Nous avons là-dessus un livre ; les Allemands, eux, ont ce drame. Le sourcil impérial s'est froncé, dit-on, à cette vision malséante. Mais les poètes, de nos jours, ne meurent plus d'un dédain de roi.

Est-ce fatigue des tragédies ? rencontre de hasard, curiosité ? Une représentation de *l'Avare* (Molière! qui s'en fût douté?) lance Hauptmann sur une piste neuve. Il disparaît quelques semaines et rapporte une comédie de mœurs faite d'un portrait humoristique sous le titre : *Collègue Crampton.* Un an après suit *La Peau de Loutre,* autre comédie romanesque. Ces vives pochades, bien accueillies, ont surtout pour nous, il faut l'avouer, l'intérêt de la surprise. L'humour latent qui les anime ne nous est pas très accessible.

Plus heureuse est la fantaisie d'où naquit *Hannele Mattern.* Je trouve ces deux actes exquis. O l'agonie de la petite fille dans la froide salle des pauvres, son rêve où naissent et s'effacent des figures mystérieuses, anges d'un lointain Paradis, ceux dont elle souffrit sur la terre, ceux qui la coucheront dans la tombe, ceux qui l'accueilleront là-haut! Ne dirait-on pas une frêle Princesse de la légende germanique, perdue, froissée et mutilée dans notre humanité brutale, qui expire en un cri d'extase en retournant à sa vraie patrie? Petite sœur de la grande Brunnhild endormie aux rochers déserts, elle veut échapper aussi au sordide cachot des hommes, et c'est un dieu, cet étranger blanc, le mystique sauveur des vieilles Bibles, qui vient lui entr'ouvrir les portes, achevant ce poème enfantin sur des paroles triomphales... Ces choses ne se traduisent guère, on ne peut qu'y faire allusion. Par delà le hardi réaliste qui sait voir et noter l'apparence, elles nous montrent le fonds candide de l'âme véritable d'Hauptmann, quand il ose laisser bégayer ses tendresses les plus secrètes. J'admire ceux qui trouvent là l'occasion d'opposer formule à formule. Pauvres gens qui ne savent pas que le poète se rit des formules et veut avoir le droit d'être homme sans cesser de rester enfant...

Un long silence de deux années dans cette carrière féconde : pour ceux qui connaissaient Hauptmann, cela voulait dire un grand labeur. Au printemps de 95 il apporta à Otto Brahm un manuscrit volumineux qui prit deux heures de lecture. C'était le drame de *Florian Geyer,* œuvre historique sur les guerres de paysans qui jadis désolèrent l'Allemagne, pendant moderne et réaliste à *Gœtz von Berlichingen* de Gœthe. Hauptmann en était si féru qu'il voulait acheter un théâtre pour monter la pièce à son gré. Il dut se contenter à moins, accepter de nombreuses coupures, risquer une partie incomplète, subir un échec retentissant. Ces cinq actes touffus et confus causèrent une fatigue respectueuse, puis une stupeur mêlée d'ennui : l'impression de lecture est semblable. Malgré le souffle épique de l'ensemble, la beauté de quelques épisodes, l'art de faire vivre et grouiller des foules toujours renouvelées, on s'égare dans ce chaos. La figure du héros, surtout, reste vague et crépusculaire. « On sentait, dit un spectateur, on sentait, « *derrière la scène*, se battre un esprit de Titan ». La défaite n'en fut que plus dure.

Hauptmann subit, le lendemain, une de ces agonies terribles qu'ignorent les ouvriers médiocres et d'où l'artiste sort plus grand, ou sort brisé. Sans le « four » de *Florian Geyer*, nous n'aurions pas *La Cloche Engloutie*. Il n'est pas malaisé de reconnaître dans cette fable symbolique la crise d'âme douloureuse et noble d'où elle est issue. Une représentation de l'Œuvre nous l'a révélée, imparfaitement. Il n'a pas, chez nous, été fait justice à ce rare « drame de rêve » où la légende est rajeunie par une fantaisie shakespearienne, où la flûte d'Ariel s'allie à la plainte d'un cœur blessé, où la fierté d'un pur artiste, la tristesse de l'effort vaincu s'exhalent en notes pénétrantes par la bouche d'Henri, le fondeur de cloches. Toute confession mise à part, le conte est suave et surprenant. Ces vieux personnages de songe, la sorcière, le faune, la fée, vivent là d'une vie aérienne et fraîche tout embaumée du parfum des bois. La figure déchue de l'Ondin, roi des sources au coassement triste, épris de la sylphe des bruyères, est d'une indicible poésie. J'y vois un frère de Caliban. Nous réentendrons quelque jour cette mélodie frémissante, et l'âme des chansons d'aïeules se réveillera peut-être en nous...

Le dernier ouvrage d'Hauptmann, qui lui a valu un triomphe, est inscrit au programme d'Antoine : nous comptons le voir cette année. Il paraît que c'est une tournée de *Blanchette* qui nous vaut le *Voiturier Henschel*. Très frappé du rôle d'Antoine dans cette pièce, Hauptmann se serait promis alors d'en créer un « dans cette note ». Il a royalement tenu parole, tout en gardant sa note à lui. Nous retrouvons ici, en effet, nos paysans de Silésie : dans l'auberge d'Obersalzbrunn, qui semble avoir été, pour Hauptmann, l'échoppe du barbier de Pézenas, ont fréquenté ces hôtes rustiques. Ce poème de vie humble et intime est d'une simplicité poignante. Le réaliste d'autrefois, sans rien perdre de sa vigueur, a maintenant une grâce infinie. Il atteint l'émotion sans élever la voix. Désormais, qu'il peigne le monde ou qu'il s'échappe dans le rêve, il crée sans effort des chefs-d'œuvre.

Je n'ai pas voulu faire une critique. J'ai voulu raconter un homme. Le plus bel hommage à lui rendre est de le montrer tel qu'il est, silencieux jusqu'à la trentaine, incapable d'une tâche machinale, et, dès qu'il a trouvé sa voie, se donnant, se multipliant dans le plus héroïque effort. Nul assurément moins que celui-ci n'est esclave d'une expérience faite, qu'elle soit déboire ou succès. Tandis que d'autres se contentent de répéter une note heureuse, les variantes d'un air de bravoure qui put plaire en sa nouveauté, lui se fait un jeu de mettre en défaut admirateurs et pédagogues par ses métamorphoses soudaines. A chaque tournant du chemin il découvre un paysage imprévu. Drame de mœurs, comédie moderne, histoire, légende, conte de fées, il a tout abordé librement, en sa fantaisie souveraine; le passé, le présent, le songe lui sont également accessibles. Et ce Protée, en même temps, est le moins « détaché » des artistes, le plus engagé dans une œuvre : c'est, à travers ses expériences, la personnalité la plus compacte, la plus logique avec soi.

C'est qu'il est un fil d'or qui le guide dans le grand labyrinthe inconnu des songes et des visions. Ce fil d'or, d'essence rare et frémissante, a nom la sympathie humaine. De ses premières satires atroces comme de ses poèmes mystiques il s'élève la même plainte, exquise ou farouche, révoltée ou lyrique, le même appel passionné vers de meilleures destinées. Aucun art n'est plus objectif et moins impassible à la fois. C'est l'accent d'une pitié infinie, c'est une émotion d'apôtre qui tremble dans l'épopée des *Tisserands* comme dans l'idylle d'*Hannele*. Et l'hymne d'Henri, le fondeur de cloches, au Soleil, Père originel, dispensateur de toute joie, au Sauveur couronné de lumière que chaque printemps ressuscite, annonce, après toutes les misères, l'aube d'une fête édénique qui se lèvera sur l'humanité... L'âme d'une Allemagne naïve et pure, de celle que saluaient nos pères, s'exhale ainsi par la bouche d'Hauptmann. Les spectateurs qui l'acclament là-bas, surpris d'entendre cet écho de leur tradition véritable, attestent par des pleurs de joie qu'ils retrouvent en lui leur trésor.

Le drame allemand, hors chez Wagner, n'existait pas avant Hauptmann. Tragédies bâtardes mal imitées des essais d'un Schiller et d'un Gœthe, comédies d'intrigue importées de France, terre bénie du Vaudeville, tout cela formait un bagage où l'Art sincère n'a rien à voir. Le nouveau venu change les rôles, et nous n'avons pas le plus beau. Celui-ci vraiment a conçu le Drame, c'est-à-dire l'effort tragique porté sur la vie coutumière; il a envisagé cette vie dans sa richesse et son mystère, plus auguste que toutes les fables dont ont pleuré les peuples enfants; il a essayé de nous montrer l'Homme moderne, humble d'aspect et grand par l'âme, dans ses rapports avec la société, avec la nature, avec le destin. Il a eu cette audace étrange de dire simplement, au jour le jour, l'écho du monde dans son cœur. Le formidable réveil d'art inauguré par un Tolstoï, un Ibsen et un Bjornson a trouvé en lui un disciple. C'est bien le flambeau de ces maîtres qu'il vient à son tour de lever. Il a déjà, selon ses forces, apporté sa pierre après eux à l'édifice d'avenir où collaborent aujourd'hui les artistes de toutes les races, qui vaudra, pour la joie des hommes, les belles cathédrales du passé. Par là même il est pour les siens le gage d'un renouveau admirable, il leur promet l'œuvre féconde de poésie et de vérité où toute une conscience nationale s'accorde, émue, à reconnaître le chant de sa peine et de son espoir. Par lui le drame allemand est né.

Tel il m'apparaît dans son œuvre, et tel aussi dans ses portraits : avec son grand front d'idéaliste où germent les synthèses futures, ses yeux clairs qui voient loin devant eux, sa bouche amère déjà froissée aux déceptions de la vie, visage pensif et volontaire qui annonce le rêve et l'action. Tel je voudrais qu'il se révélât à tous les chercheurs épris chez nous du même viril idéal. Ils trouveront en lui un guide dont le sort peut les fortifier. S'il est vrai que, dans toute fête offerte à un génie naissant, il entre un peu de reconnaissance, non seulement pour son verbe à lui, mais pour la route qu'il entr'ouvre, pour les promesses merveilleuses qu'il suscite en d'autres poitrines, par la contagion de la beauté, il convient de saluer celui-ci d'une acclamation fraternelle, en souhaitant que plus d'un émule sorte de nos rangs pour le suivre, de cette foule aux mains tendues sous les belles étoiles du songe qui s'en va dans l'ombre expirante vers les prémices de clarté...

7

LE THÉATRE DE MAX NORDAU

A M. Jean Finot.

Il est superflu de présenter M. Max Nordau à un public de lecteurs français. Cet auteur allemand eut la rare fortune d'attirer sur lui l'attention de la manière la plus flatteuse à Paris, par une sorte de scandale littéraire. Et, chose plus rare et flatteuse encore, ce fut un livre de critique qui provoqua l'événement. On a pas oublié *Dégénérescence*. Cette étude compacte et hardie attestait, outre une intelligence de premier ordre et un sens artistique très fin, une compréhension de notre littérature bien exceptionnelle chez un étranger. Si l'amour des lettres françaises est assez commun au dehors — moins que notre fatuité nationale ne se plaît à le supposer — cet amour est rarement éclairé. Nous sommes souvent stupéfaits, quand l'occasion s'offre de la vérifier, de la hiérarchie imprévue assignée à nos gloires parisiennes par un cerveau même d'élite, s'il est germain, slave ou anglais. Faut-il rappeler à ce propos les étranges méprises de Tolstoï ? Mais Gœthe lui-même, l'Européen Gœthe, cet esprit royal s'il en fut, ne mettait-il pas les chansons de Béranger au-dessus de tout autre poème du temps ? Il n'est guère que Heine et Tourgueneff qui soient entrés pour ainsi dire de plain pied dans notre intimité. Leurs compatriotes l'ont si bien senti qu'ils leur en ont gardé rancune. En revanche, nous leur accordons une sympathie amicale bien différente du respect toujours un peu froid et gourmé dont notre atticisme jaloux salue un génie barbare. M. Max Nordau appartient à ce petit groupe de « francisés ». Il a conquis droit de cité chez nous, sans nous ménager pour cela des vérités plutôt amères. Il a pris au contraire un malin plaisir à nous présenter de nos travers, de nos modes raffinées, de nos tares, une analyse vraiment exempte de charité sinon d'esprit. Nos mystiques et nos réalistes ont eu là, comme on dit, leur paquet. Le satiriste mordant et cruel emprunte un masque médical pour disséquer ces gendelettres. Il s'est ingénié à les classer selon leur dose de folie : fous, demi-fous et quarts de fous. Selon le mot du fabuliste :

Ils n'en mouraient pas tous, mais tous étaient frappés;

Comme le diagnostic, après tout, ne manquait pas de traits sagaces, les malades firent bonne contenance. On s'émut sans trop se fâcher. On se dit : c'est un point de vue. Excessif, sans doute, mais ingénieux. Il ne faut pas médire des points de vue qui excitent la controverse. On se dit aussi : qui aime bien châtie volontiers la main leste. Et l'on voulut voir, dans l'âpreté même des épigrammes de Nordau, la preuve de son sincère amour pour nos lettres ainsi malmenées.

Depuis lors, grâce à M. Dietrich, le zélé traducteur polyglotte de tant d'œuvres intéressantes, espagnoles, anglaises ou allemandes, nous avons appris à connaître, dans sa vigueur et sa souplesse intégrales, la pensée de Nordau philosophe. Nous avons lu les *Paradoxes*, si riches de vues personnelles, d'une si incisive dialectique, la *Psycho-physiologie du génie et du talent*. Nous avons admiré surtout les *Mensonges conventionnels de notre civilisation*, œuvre centrale, de portée profonde, où Nordau embrasse un à un, en une claire et forte synthèse, tous les problèmes de l'époque. On goûte là le plaisir aigu de voir combattre un libre esprit, que n'arrêtent point les entraves d'un système ou d'un parti, nullement dupe des masques du jour, uniquement mu par la clarté sûre de la science et de la raison. Il assigne à son tribunal toutes les fictions consacrées, pour les condamner sans appel. Le mensonge religieux, le mensonge politique, le mensonge matrimonial, tous les faux dieux d'un âge sans foi mais encombré de mille idoles, sont évoqués et pourfendus par le rigoureux pamphlétaire. Il emporte l'adhésion même de ceux que ne satisfait point son idéal d'humanité. Car il découd de main de maître, s'il est moins expert à recoudre. Toute la partie négative, destructive de cette critique sociale, est, à mon sens, de premier ordre. J'aurais des réserves à faire sur l'effort proprement constructif. Chacun rêve la Cité future selon ses préférences secrètes, ses instincts les plus mystérieux. La raison seule, en ce domaine, ne peut imposer ses décrets. Mais ce débat sort de mon cadre. Il me suffit de signaler un livre accueilli par tous en Allemagne comme un signe des temps à venir. Il ne vaut pas pour nos voisins seuls. Il a une valeur catholique, au sens primitif du mot.

Tel est Max Nordau essayiste. Saviez-vous que ce penseur austère est doublé d'un artiste fécond? Je l'ignorais il n'y a pas longtemps. Un hasard heureux m'indiqua cette piste, m'enseigna les volumes à lire. J'achetai, je lus, je fus vaincu. Je veux dire séduit dès l'abord, malgré la prévention innée qui nous pousse à spécialiser l'homme célèbre dans le cercle étroit de sa célébrité. J'imagine que cette fâcheuse habitude dut souvent causer à Nordau quelque mouvement d'impatience. Trop de fleurs, Messieurs, trop de fleurs! si vous n'admirez le polémiste que pour vous réserver le droit de dédaigner l'ouvrier d'art... Excusez-nous, monsieur Nordau. Pareille aventure, chez nous-même, arrive à plus d'un qui s'avise, indifférent aux protocoles, d'être un homme supérieur, simplement. Voyez Clémenceau, par exemple. En ce qui me concerne, d'ailleurs, je vais tâcher de réparer ma faute en troublant l'ignorance d'autrui. Passionnément convaincu que la France doit être ouverte à toute grandeur intellectuelle et que c'est besogne pieuse d'explorer le trésor des autres nations, je voudrais analyser ici l'œuvre dramatique de Nordau, en souhaitant de n'écrire qu'une préface à des réalisations plus complètes.

∴

La première pièce de Nordau, *la Guerre des millions*, en cinq actes, date de 1882. Je ne crois pas qu'elle ait vu la rampe. L'auteur avoue modestement que c'est une œuvre de jeunesse où il y aurait fort à reprendre. Mais elle offre une situation, des caractères; un peu longue, lente et touffue, elle est vivante et mouvementée. Elle oppose deux princes de la finance, l'un, Rodolphe d'Altenberg, jeune paladin sorti de la noblesse, épris de l'argent comme du symbole de la seule puissance moderne, qui garde en ses vastes entreprises les allures chevaleresques, l'idéal hautain de ses aïeux; l'autre, le baron de Liebert, brutal parvenu sans scrupules, rompu aux bassesses du métier. Entre eux deux figures de femmes, la blonde comtesse de Fregenheim, la brune Dinorah, fille de Liebert, l'une et l'autre éprises de Rodolphe. Il préfère la fille de sa race, et c'est le signal de sa perte. Liebert, blessé dans son orgueil, engage contre lui une lutte implacable et l'emporte par trahison. Dinorah en vain s'interpose. Rodolphe, acculé à la faillite, se brûle la cervelle un quart d'heure trop tôt.

L'action, vous le voyez, est romantique, non exempte de mélodrame. Elle rappelle, par ses coups de théâtre et une certaine invraisemblance dans les épisodes romanesques, tantôt *les Brigands* de Schiller, tantôt *Michel Pauper* de Becque. Rodolphe est le héros impeccable, égaré dans la sombre forêt des combinaisons financières. Ne nous hâtons pas d'en sourire, sous prétexte que nos salles d'assises nous ont présenté trop souvent, hélas! des aventuriers en chair et en os moins édifiants à coup sûr que ce martyr de tragédie. Notons plutôt la réelle audace et la divination très sûre de l'actualité prochaine que suppose, en 1882, la conception d'un tel drame. Ajoutons qu'il n'ennuie jamais, vraisemblable ou non. Les milieux sont bien observés; autour des deux protagonistes tourne une ronde pittoresque de comparses réjouissants. Je parlais de *Michel Pauper* tout à l'heure. Je songe à présent à *Mercadet*. Si vous remarquez que le drame d'argent est un des plus difficiles à faire, que Bjornson, dans *Une Faillite*, n'y a réussi qu'à moitié, qu'Ibsen, dans *Jean-Gabriel Borkmann*, n'a tracé qu'une silhouette géniale, qu'Henry Becque s'y est pris à deux fois et n'écrivit ses puissants *Corbeaux* que vingt ans après *Michel Pauper*, vous assignerez son vrai sens à ce très honorable effort. C'était, à ne pas s'y tromper, l'ébauche d'un vigoureux talent.

Le Droit d'aimer, représenté à Berlin en 1894, atteste une tout autre esthétique. C'est une tragédie intime réduite à peu de personnages, d'action lente, de dessin minutieux. Il s'y déroule un épisode de l'histoire éternelle — disons très antique — des ménages mal assortis. Joseph Wahrmund est un brave homme, un commerçant probe et actif, toujours en mouvement, qui demande à sa femme le repos du soir et quelques tendresses précises. Berthe est nerveuse, mécontente, tourmentée d'aspirations vagues. Symptôme grave, elle fréquente les musées. Le goût de l'art est trop souvent, chez la femme, synonyme d'amour trahi. (Ce n'est pas moi qui le dis, c'est Gœthe.) Il arrive ce que vous supposez. L'épouse en quête d'idéal trouve l'âme sœur qui comprend ses rêves. Cette âme sœur habite, en l'espèce, l'enveloppe d'un substitut. Bardenholm s'entend à merveille à voiler de tirades poétiques des calculs infiniment moins beaux. Le mari n'était qu'un peu lourd; l'amant sera vil. C'est justice. Nordau trouve, pour marquer ce contraste, une situation piquante qui anime son dernier acte. Wahrmund, ayant appris la faute de la bouche orgueilleuse de Berthe, fait mander poliment Bardenholm, et, devant l'épouse infidèle, propose le divorce immédiat prononcé contre lui, Wahrmund, à condition que les coupables se marieront le surlendemain. Bardenholm, renard pris au piège, demande le temps de réfléchir, cherche à se récuser décemment. Berthe, alors, le chasse elle-même, affolée de douleur et de honte. Son mari lui accorde un pardon plus amer mille fois que la haine. Et le soir descend sur les deux misérables, unis, malgré eux, pour la vie, et brisés d'une double torture.

Cette fin, d'une dureté farouche, rappelle l'accent inexorable des dilemmes où Paul Hervieu se plaît à enfermer lui aussi les créatures douloureuses de passion et d'instinct opprimé. Les trois premiers actes, un peu ternes, valent par le détail psychologique plus que par l'intérêt de l'action. Ils gagneraient, à mon avis, à un mouvement plus rapide. Mais ce quatrième, à lui seul, emporte le succès de la pièce. Il affirme un dramaturge né.

Plus haute et plus décisive encore m'apparaît la valeur du *Boulet* (cinq actes, Berlin, 1894). Nous tenons ici une œuvre complète, originale et savoureuse, affranchie de filiations gênantes et de ressemblances d'école. Ces cinq actes sont employés à portraicturer de pied en cap un « Strugglefor-lifer » moderne. Ils y réussissent pleinement. Il nous passionne, en effet, ce Fritz Sickart, héros du drame, fils d'un cocher et d'une cuisinière, élevé à la haute culture par les soins d'une bienfaitrice, qui vient réclamer à la grande ville la proie due à ses appétits neufs, à son énergie, à ses facultés. C'est le prolétaire aux dents aiguës, en lutte avec une société qui l'accueille sans le connaître, mais dont la hiérarchie sournoise reste hostile au nouveau venu. Histoire banale, n'est-ce pas ? et dont la vie de chaque jour nous offre de nombreux exemples. Le tour de force de l'artiste est de ramasser en un type précis les traits dispersés d'une époque. Le boulet, pour Sickart, c'est son passé. Dès la vingtaine, à la campagne, il a séduit une fille du peuple qu'il a quittée avec un enfant. Il est venu à Berlin avec sa vieille mère. Encore celle-ci l'entrave-t-elle par son langage et ses façons. Il l'installe, ignorée de tous, dans la chambre perdue d'un faubourg. Rien ne le gênera désormais pour la conquête du pouvoir, de la fortune, de la vie, — ambitions qui se résument toutes en son amour pour la belle Gerda. Celle-ci, sa noble cliente — il est avocat, l'ai-je dit ? — gagne par lui un procès de divorce et s'éprend à son tour, sans trop de peine, du beau plébéien qui l'a libérée. Sickart se fiance avec elle et, en attendant le mariage, administre les biens de la dame. Il brigue une candidature politique dans le parti conservateur ; car il veut la maîtrise du monde, et elle appartient, il le sait, aux jacobins dans les jours de crise, mais aux modérés en temps d'accalmie. Il touche au faîte de son rêve. Mais ses adversaires — il en a d'implacables: le mari évincé, le frère de Gerda, — découvrent ses attaches antérieures, provoquent un scandale public. Son avenir politique est brisé. Gerda se détache de lui en se découvrant une rivale. Il ne doit qu'à l'intervention passionnée, suppliante, de la vieille maman Sickart, de n'avoir pas à rendre compte en justice de tripotages imprudents. Et vaincu, retombé à l'ornière fatale, mais acceptant d'un cœur viril toute une existence à refaire, il quitte Berlin avec la brave femme dont il eut le tort de rougir, et aussi avec l'humble fille cause innocente de sa ruine, qui lui offre le sûr refuge d'un amour vrai.

Cette sèche et sommaire analyse ne peut que trahir une pièce frémissante d'émotion humaine et comme contractée tout entière par un rude effort de combat. Tous les personnages sont justes, vivent, agissent, parlent, souffrent. Les trois femmes, la mère de Fritz, Gerda, la petite Louise, sont de délicieuses silhouettes, l'une de grande dame élégante, les autres d'ouvrières meurtries. Pepping, le frère de Gerda, rôle antipathique par essence, est enlevé d'un trait net et léger. Sickart, impulsif, éloquent, sans scrupules, intelligence d'élite, nature brutale, personnage bâtard mais ardent comme la société qu'il incarne, est la création d'un maître. Telles scènes : entre lui et sa mère, entre celle-ci et Pepping, entre Gerda et Louise Wahbe, sont d'une acuité poignante qui doit se décupler aux chandelles. Il faut souhaiter que ce curieux drame tente bientôt une plume française et un directeur de théâtre. J'ose lui prédire des recettes égales à celles de *l'Honneur* de Sudermann. Le public parisien comprendrait sans effort cette dramaturgie directe, alerte, aussi limpide que la nôtre, et s'intéresserait sans nul doute aux aventures émouvantes de ce Rastignac transposé.

J'arrive à la dernière pièce de Nordau, à celle qu'il chérit, j'imagine, d'une dilection spéciale, *le Docteur Rohen*. Par une progression ascendante nous avons passé d'un drame romantique à une histoire d'amour, de celle-ci à une étude sociale, et nous voici tout à coup placés devant un problème européen : la question juive. Le philosophe clairvoyant rejoint ici le dramaturge, et porte à la rampe, bravement, ces conflits de races et de cultes qui se posent un peu partout chez nos nations mal affranchies et commencent à préoccuper notre propre élite artistique. Nordau a un titre de plus à traiter ce sujet brûlant : lui-même est israélite, fier de l'être, conscient de l'antique idéal qui a déserté les sémites. C'est donc l'homme avec le penseur qui s'engage en cette œuvre de lutte. Et il faut prendre acte d'une attitude aussi bellement courageuse.

L'espèce que nous offre *le Docteur Kohen* est celle du mariage mixte. Kohen, jeune savant d'avenir, est épris de Christine Moser, fille d'une mère chrétienne de vieille souche féodale allemande et d'un père juif, mais baptisé, très soucieux d'effacer les traces d'une origine détestée, et qui a fini, le brave homme, par croire ce qu'il voudrait faire croire aux autres, qu'il est de pur sang aryen. La pièce, c'est l'effort de Kohen pour entrer, le front haut d'ailleurs et sans rien renier de soi-même, dans la famille de sa fiancée. C'est le déchirement de cette famille sous le coup de la menace imprévue. C'est la brusque explosion, chez les fils de Moser, des vieilles fureurs ataviques qu'irrite, dirait-on, le mélange du sang. L'un d'eux, officier de la garde, tue le docteur Kohen en un duel qui a tout l'air d'un assassinat. La pièce s'achève sur le sombre divorce, au sein de la famille Moser, des deux races en vain rapprochées, et sur cette plainte de Christine : « Oh ! père, pourquoi donc les hommes se font-ils tant de mal entre eux ? »

Il est à peine besoin d'insister sur la rare valeur tragique d'un pareil thème et sur sa portée. Voilà qui nous délivre enfin des catastrophes individuelles, pour nous transporter, selon le langage de Wagner, dans la région du « purement humain ». La façon dont Nordau a traité ce drame ne me paraît pas inférieure à l'idée mère qui l'engendra. Il y a une grandeur où s'évoque l'antique trilogie des Atrides dans la crise qui, tout à coup, sépare un mari de sa femme, et dresse en face l'un de l'autre un père et un fils, en étrangers. Le rôle émouvant et central est moins, à mon sens, celui de Kohen, d'un dessin un peu dur et heurté, que celui de Moser lui-même, le transfuge plié depuis vingt ans à toutes les humiliations tacites, à qui un excès de douleur enfin fait lever la tête et jeter un cri. Je néglige les portraits secondaires, utiles d'ailleurs et pittoresques : le frère de M⁰⁰ Moser, en qui s'incarne le puritain germanique, inflexible de douceur onctueuse ; les parents du pauvre Kohen, séparés de lui par dix siècles, touchantes, lamentables figures, ridicules et expressives de tribulations séculaires. Je néglige tout cela pour le drame : l'aveugle destin y projette l'ombre immuable de son geste. Une scène domine les autres et se grave dans la mémoire, celle où Kohen et Moser, les deux juifs, discutent le sort de leur race et l'attitude qu'elle doit tenir devant l'hostilité du nombre.

Il y a là une vigueur de pensée, une franchise, une profondeur d'accent et parfois des élans d'éloquence faits pour mériter le respect et peut-être pour forcer l'adhésion de la foule la plus prévenue. Il ne fallait rien moins d'ailleurs pour oser, scéniquement, une telle gageure. J'ignore ce qu'en jugeraient les censeurs qui estampillent nos écrits. Je serais curieux de le savoir. Je leur recommande le passage où Moser raconte comment il s'est fait baptiser, après Sadowa, non par conviction religieuse, mais par solidarité civique, par émoi de patriotisme, et la réplique où Kohen dénonce l'hypocrisie d'un corps social qui retire aux israélites « leur âme juive par l'éducation et ne leur donne « pas le droit de vivre de l'âme allemande ». Ceux d'entre nos antisémites qui sont capables de réflexion auraient là matière à controverse. La brillante mais légère satire d'Albert Guinon, *Décadence*, ne saurait compter comme riposte.

La conclusion de l'auteur semble foncièrement pessimiste. Il ne croit pas, la désirât-il, à une fusion des deux races. Et, fièrement, il conseille à la sienne de hâter le divorce total et de relever le défi par une émigration formidable. C'est la thèse du Sionisme (M. Max Nordau, si je ne me trompe, est l'un des membres les plus actifs de ce très curieux parti) laquelle ne manque assurément ni de crânerie ni de logique. Sans examiner ici les nombreuses objections de fait que soulèverait un tel exode, il me semble trouver dans la pièce elle-même l'argument moral qui le ruine. Kohen et Moser sont d'accord sur un point : l'antique mission de leur peuple n'est pour eux qu'une « forme morte », le judaïsme, à leurs yeux, n'est plus. Ils se sentent, tout au contraire, à l'unisson des idées modernes qu'ils nous reprochent de trahir. C'est malgré eux, avec déchirement, qu'ils se sépareraient de leur patrie d'adoption. Et ils ont l'horreur involontaire de certaines fractions dégénérées de leur tribu. Alors, à quoi bon rassembler autour d'un foyer qui s'éteint une famille dispersée, disparate? Sur quelle base asseoir en un jour un royaume factice? Il est une autre solution, indiquée par Kohen au passage. Que la minorité sémite, exclue de la dignité humaine par un préjugé fanatique, conquière cette dignité en l'incarnant avec plus de force que ses méprisants adversaires. Que leur haine lui soit un motif d'aspirations supérieures. Qu'elle lève les yeux vers l'avenir, au lieu de les tenir baissés, avec trop d'âpre convoitise, sur le champ borné du présent, ou encore de les tourner, sans tendresse, vers un passé morne. Elle fera ainsi davantage pour son émancipation réelle que par tous les exodes du monde. Elle peut être un facteur précieux de la haute culture occidentale. Et s'il est trop vrai qu'en effet

La barbarie encor nous retient dans sa gaîne

il lui incombe, pour sa part, d'aider la pensée organisatrice à pacifier les convulsions de notre présente anarchie. C'est cette voie que lui ouvre un Nordau, par le précepte et par l'exemple. Pour un groupe ethnique compromis par trop de douteuses figures, il n'est pas de gage meilleur de revanche et de renaissance.

Je me suis laissé entraîner un peu loin peut-être par une discussion spéciale. Elle sert, de façon indirecte, à marquer l'intérêt d'une œuvre vraiment trop inconnue parmi nous. Je voudrais avoir inspiré à mes lecteurs l'envie d'en juger par eux-mêmes. Max Nordau — j'y insiste encore — n'est pas un penseur qui se délasse en récréations artistiques. C'est un esprit de trempe géniale qui manifeste en tous les domaines la sûreté de sa vision. En faudrait-il quelque autre preuve? On la trouveruit dans ses romans, où s'allient en un rare équilibre les dons du conteur et du sociologue. *Le Massacre des Faux Frelons* et *le Mal du Siècle* sont un commentaire vivant des spéculations les plus récentes et comme une histoire intérieure de l'Allemagne contemporaine.

Si nous cherchons la marque propre de cet audacieux écrivain, nous la trouvons dans la probité de sa conscience intellectuelle, qui s'efforce de bannir d'un système tout ce qui n'est pas démontré, d'un drame tout ce qui est superflu, ne contribue pas à la thèse ou à l'action dominante. Théories et créations ont chez lui le même contour ferme et franc, qui exclut les grâces tremblantes et les tâtonnements anxieux. C'est dire sa limite avec sa force. Hors du champ inondé de lumière de la raison pure et de l'observation, il se refuse à rien scruter, si même il admet quelque chose. Le frisson du mystère lui manque. Il ne va pas au tréfonds des âmes par ces routes inattendues où sait nous conduire un Ibsen ; il ignore le balbutiement trouble et profond d'un Maeterlinck. Par là, il se rapproche, nous l'avons vu, de l'esthétique latine et française. Non sans différences capitales. Il n'a pas été façonné par la longue école mystique dont nos penseurs les plus hardis, les plus dégagés de tous dogmes, ont gardé une soif d'au-delà, un besoin sacré d'absolu. Nous touchons ici la ligne idéale qui sépare ineffaçablement les évadés du christianisme d'avec les héritiers directs des civilisations plus anciennes, et peut-être le seul motif honorable de leurs discordes intestines. La reconnaître n'est pas, il s'en faut, désespérer d'une harmonie. Car les uns et les autres, aujourd'hui, ont de concert leur tâche utile. Les premiers ont à sauvegarder — en l'utilisant d'autre sorte — le trésor d'espérance et de foi qui a fait la grandeur de leurs pères. Les seconds, pionniers dégagés de traditions enchantées, peuvent se livrer tout entiers à l'iconoclastie joyeuse qui fraye les chemins d'avenir. Pour nous, que les pleurs d'un Renan touchèrent de leur charme ineffable, et qui voudrions emporter en des amphores précieuses la cendre des cités abolies, nous n'en saluons pas de moins bonne grâce l'ardent et salutaire effort des ouvriers aux mains plus rudes qui préparent à leur manière le bonheur de l'humanité.

III

AUTEURS FRANÇAIS

III

AUTEURS FRANÇAIS

MAURICE MAETERLINCK

A Jean Vignaud.

Avant d'être un philosophe Maurice Maeterlinck fut un poète. Il a joué avec les formes avant de manier des pensées, et il excella dans ce jeu. Il nous a conté d'exquises légendes, des histoires simples et funèbres qui se passaient en des maisons closes ou dans des forêts séculaires. Son œuvre — cette partie de son œuvre — m'évoque toujours un paysage. C'est un crépuscule profond baigné de lueurs mystérieuses. On pressent, au-dessous de l'horizon, une vague lumière éternelle dont flotte le splendide reflet. Des figures passent dans la pénombre: princesses, reines aux mains tragiques, mendiants vagabonds, rois aveugles, et d'humbles pèlerins de misère. Ces fantômes ont l'air de deviser à mi-voix. Erreur. Ils monologuent seulement. C'est qu'ils ne connaissent qu'eux-mêmes. Encore d'eux-mêmes ne discernent-ils que les impulsions instinctives, les frissons éphémères de l'âme. La raison, la pensée consciente, l'effort ardu de la volonté leur sont choses tout à fait inconnues. Ils disent parfois des paroles sublimes qu'ils paraissent ne pas bien comprendre. Le spectateur de ces drames étranges : *les Aveugles, l'Intruse, Intérieur, Pelléas et Mélisande*, etc., a l'impression d'assister à une messe dans les ténèbres. Les phrases, pour exprimer cela, sont brèves, hésitantes, hachées, et empreintes, en même temps, d'une solennité liturgique. Et cet art extraordinaire, incompréhensible au grand nombre, trouve d'ailleurs des effets uniques, d'une poésie saisissante et trouble.

Tel est Maeterlinck dramaturge. Il semble, depuis quelques années, s'être détourné des fictions (1). Malgré la vive curiosité soulevée par ses drames de rêve en France, en Angleterre, en Allemagne, malgré l'estime passionnée de toute une jeunesse lit-

(1) L'annonce de *Monna Vanna*, postérieure à cette étude, est venue heureusement démentir les conjectures qu'elle formait.

téraire, il n'affronte plus le théâtre. Est-ce le regret inavoué de n'avoir pas atteint la foule, que tout artiste malgré soi souhaite pour maitresse et pour confidente? Est-ce la démarche d'un esprit mûr que ne satisfont plus les chimères? Toujours est-il, lui-même nous l'avoue, voici longtemps qu'il a renoncé « à chercher en ce monde une merveille plus inté- « ressante et plus belle que la vérité, ou du moins « que l'effort de l'homme pour la connaître ». Les féeries dont nous fîmes nos délices paraissent donc pour jamais condamnées. Plus d'une jeune femme et plus d'un jeune homme en conserveront le regret.

En revanche, Maeterlinck nous gardait une précieuse surprise. Ses premiers volumes d'essais, *la Sagesse et la Destinée*, *le Trésor des Humbles*, où ce génie ardent et grave a noté pour nous chaque soir l'écho des voix de l'invisible, nous ouvrent un nouveau royaume où le Poète, peu à peu, se transforme, et devient un Sage amical. *Le Trésor des Humbles* dit son esthétique, en une suite d'études curieuses, attentives et imprévues. Nous le voyons là ouvert aux lectures, à l'histoire, aux chroniques diverses plus qu'on ne pourrait le supposer. Dans *la Sagesse et la Destinée*, il tente le suprême effort de dégager son point de vue propre sur le sens caché de la vie. Ce livre, où éclatent des lumières partielles et des beautés philosophiques d'un ordre tout à fait supérieur, ne satisfait point cependant. Il abonde trop en redites, il est en quelque sorte immobile, ne va pas d'une pensée à une autre, d'un point de départ à un but. Aucune loi ne s'en dégage, mais le sentiment magnifique de notre grandeur et de notre misère devant l'éternel inconnu, en des phrases que, par moments, ne désavouerait point un Pascal.

Je me suis emparé du nouveau poème que ce printemps nous a apporté avec une curiosité pleine d'espoir, celle dont on salue les livres marqués du signe prophétique. Cette attente est bien dangereuse. C'est un grand éloge de dire, et il est cette fois mérité, qu'elle n'est pas entièrement déçue. Avec *la Vie des Abeilles*, Maeterlinck indique un retour vers la nature et vers la vie. Il nous conte l'épopée d'une ruche depuis son éclosion printanière jusqu'au sommeil hivernal. Passionnante épopée pittoresque! L'essaimage, la cité du travail, la jeunesse et le destin de la reine, ses noces éblouissantes en plein azur, la ponte, le massacre des mâles, mille autres épisodes gracieux ou tragiques sont décrits là en pages somptueuses, auxquelles manque peut-être, à mon goût, je ne sais quel divin naturel — celui de Michelet, par exemple — mais on ne saurait tout avoir. Tel quel, ce livre est merveilleux, plein de chants, de rayons, de parfums. On n'analyse point un poème. Il faut le lire et vous le lirez, si vous ne l'avez déjà lu. Ce que j'en voudrais retenir, ce qui donne à ces Géorgiques leur caractère et leur portée, c'est le haut symbole que nous offrent les « blondes avettes » de Ronsard. Oui, Maeterlinck, cette fois-ci, a conçu enfin une idée centrale, il sait, à travers les méandres d'une fantaisie frémissante, où il entend nous mener. En se penchant sur la ruche sonore pour essayer d'en saisir les lois, sans cesse il est hanté par l'image de cette autre ruche affairée qui a nom la cité humaine. Qui peut dire si elle-même n'est pas contemplée, d'Ailleurs, par un regard que nous ignorons ? La comparaison donne lieu à mainte vision grandiose. Pour conclure Maeterlinck remarque que l'existence des abeilles, les prodiges accomplis par elles sont régis par une Loi souveraine, dont elles sont du reste inconscientes, qu'il nomme le génie de l'Espèce. Ne pourrait-on pas découvrir, au-dessus de nos destinées, l'influence d'une semblable Loi ? Il pense la trouver dans ce fait que, seuls sur ce globe minuscule, nous sommes créés pour produire ce « fluide étrange » qui possède mille noms: amour, vertu, intelligence, et qui est la puis-

sance de l'esprit. « Nous ne savons où il nous mène,
« ce qu'il fera de nous, ce que nous en ferons. Ce
« sera à lui de nous le révéler quand il régnera dans
« la plénitude de sa force. » En attendant, il dépend
de nous — c'est là notre seul avantage sur les humbles buveuses de rosée — de hâter la venue de ce
règne, d'obéir consciemment au Destin. Cet esprit,
orgueil et tourment des cerveaux mortels qu'il anime, nous devons lui donner tout ce qu'il demande,
lui faire tous les sacrifices pour embellir sa floraison. — Nous ignorons qui profitera de cet épuisement sublime, et même s'il n'est pas sans but, mais
l'effort se suffit à lui-même par la joie pure qu'il
nous donne et la beauté dont il gonfle nos fronts.

Cette conclusion de poète est grande. Elle est
mystique et désolée. C'est un acte de foi dans le
vide. Avec un accent plus serein, un détachement
plus facile, Renan nous avait dit déjà : « Un Dieu
« se fait avec nos pleurs », sans en être bien convaincu. Comme Renan Maeterlinck doute, et cherche
dans ce doute même une satisfaction hautaine. Il
me semble bien percevoir qu'il n'y réussit pas sans
effort. Il est permis de supposer que ceci n'est pas
la dernière étape de ce très noble et puissant esprit.
Il nous mènera plus loin encore. Pourquoi n'y est-il pas parvenu ? C'est qu'il ne suffit pas, peut-être,

d'observer une ruche d'abeilles, même avec des yeux de voyant, pour proférer sur le sort de l'Homme les paroles définitives, pas plus qu'on ne déchiffre cette énigme dans l'histoire des siècles morts. La source de toute certitude, l'exemple des héros l'atteste, ne jaillit que de l'expérience intime d'une conscience torturée par le mal, en révolte contre le monde qu'elle juge en le subissant. — Mais nous quittons là le terrain littéraire, et celui même de la philosophie, pour aborder ces régions secrètes auxquelles il suffit de convier chaque âme, en l'invitant à rentrer en soi.

P. S. — Le récent volume de Maeterlinck, *le Temple Enseveli*, reprend et approfondit l'idée centrale de *la Vie des Abeilles* : le Monde est indifférent ou hostile, mais l'homme peut trouver le bonheur en obéissant à la Loi intérieure de l'Esprit. On voit là se préciser une doctrine qu'on peut exactement définir, je crois, un « Positivisme Mystique ».

GEORGES ANCEY

A Marcel Luguet.

Dans un des essais précis et féroces qu'il a réunis sous ce titre : *Souvenirs d'un auteur dramatique* — essais inconnus, méconnus, et que la postérité citera comme on cite Saint-Simon ou Montaigne — Henry Becque a écrit ceci : « Lorsque le Théâtre
« Libre, il y a sept ans environ, dans son spectacle
« d'ouverture, donnait *M. Lamblin*, oui, *M. Lam-*
« *blin*, un petit acte, pas davantage, toutes les théo-
« ries et toutes les hâbleries recevaient, ce soir-là,
« le coup mortel. Le monde théâtral s'allait repeu-
« pler, et la vieille scène française, délivrée enfin
« des crocodiles qui depuis plus de trente ans pleu-
« raient sur elle, retrouvait de véritables auteurs dra-
« matiques. » Et le vieux batailleur « fourbu, mé-
« content, besoigneux », selon ses propres expressions, mais dont le grand cœur jusqu'à la fin salua

la jeunesse et la beauté, ajoute, avec sa crânerie :
« En avant, maintenant, mes enfants ! Ne vous
« plaignez jamais, c'est complètement inutile. Ne
« vous découragez pas surtout, vous le regretteriez
« plus tard. Vous êtes dans le champ et il est
« libre. Passez-nous sur le corps. »

Ce petit acte, qui eut le privilège d'enthousiasmer Henry Becque, était signé de Georges Ancey.

Depuis, au même Théâtre Libre, Ancey triompha de nouveau. Ce furent *l'École des Veufs*, *les Inséparables*, chefs-d'œuvre de la comédie rosse, et cette forte, cette douloureuse pièce, *la Dupe*, chef-d'œuvre de la comédie tout court. Ancey connut la gloire restreinte, mais d'autant plus vive, d'être acclamé dès ses débuts par une élite d'initiés. Bien d'autres, Jullien, Brieux, Hennique, Boniface, Fèvre, Curel, réussirent alors avec éclat. Mais il eut sur eux l'avantage d'incarner strictement un type précis, d'être salué par les connaisseurs comme le créateur d'un genre, celui même de la nouvelle école dont une petite salle de la rue Blanche fut la crèche de Bethléem, celui qu'on baptisa « comédie rosse » et qui garda fièrement ce nom comme *les Gueux* restèrent *les Gueux*. Ce n'est pas au hasard qu'Henry Becque désignait entre tous Georges Ancey : il n'eut pas de meilleur disciple, qui sût rester classique et sobre, loin des excès du réalisme et des prouesses de métier.

Il est dangereux d'être chef d'école, dangereux de goûter l'idolâtrie des petites chapelles fermées, dussent-elles, comme le Théâtre Libre, abriter une Révolution. Le péril mortel qui guette les auteurs ainsi consacrés et marqués, c'est l'abord du grand public, de la foule sournoise et hostile à qui nos querelles d'esthétique paraissent jeux de mandarins. Ce danger, Antoine disparu, les écrivains qu'il avait lancés l'éprouvèrent l'un après l'autre: Jean Jullien avec *la Mer*, Boniface avec *les Petites Marques*, de Curel avec *l'Amour brode*, Brieux même avec *les Bienfaiteurs*. Et les critiques, Sarcey en tête, de s'écrier qu'ils l'avaient bien dit, que ces succès d'une soirée étaient sans portée véritable, que la comédie rosse était bien morte, etc., etc. Ils en pleuraient, les crocodiles, avec des bâillements de joie. Entre tous, Ancey fut frappé par cette revanche goguenarde de la vieille garde théâtrale. L'échec fâcheux de *la Grand'Mère*, suivi d'un assez long silence, laissa croire qu'une lassitude l'avait atteint comme quelques autres (par exemple Boniface et Fèvre) et qu'il n'avait pas assez médité l'énergique précepte de Becque : « Ne vous découragez « pas surtout, vous le regretteriez plus tard. »

Il fallut que le Théâtre Antoine ressuscitât le Théâtre Libre pour permettre à ses vétérans, cette fois devant un public plus large, de tenter à nouveau, bravement, une épreuve plus décisive. Des reprises d'abord les encouragèrent. *L'École des Veufs,* jouée cent fois, put prouver sa vitalité par le seul argument sans réplique, l'argument sonnant des recettes. *La Dupe* fut une des plus belles créations, la plus belle même, à mon sens, de Mlle Suzanne Desprès. Et le succès de *l'Avenir,* fine et mélancolique étude de petites gens et de grands désirs, acheva de rassurer Georges Ancey. Je me rappelle, lors de cette première, devant la hâte des mains amies qui se tendaient alors vers lui, l'émotion brève et concentrée de cette physionomie amère, ordinairement impassible. Henry Becque lui demanda du feu en grommelant : « C'est bien, c'est très bien. » Et le point rouge de la cigarette qui s'avança pour allumer l'autre me parut trembler légèrement. Il faut avoir passé par là pour comprendre qu'un tel frisson n'est pas signe de couardise.

Nous attendions depuis lors d'Ancey l'œuvre large et victorieuse qui le classerait définitivement parmi nos premiers dramaturges et apprendrait à tous enfin ce nom un peu sourd, ce nom discret comme le personnage qui le porte. Certaines destinées ont une malchance. Cette œuvre, Georges Ancey l'a peut-être écrite : voici qu'il apporte cinq actes. Et la Censure de les interdire après six mois d'hésitation, non d'un cœur léger, comme *les Avariés*, mais de biais et comme par raccroc, pour faire nombre, et pour équilibrer, je pense, aux yeux de nos arbitres et des siens, l'interdiction de *Décadence*, pièce antisémite, par l'interdiction de *Ces Messieurs*, pièce anticléricale. Jeu de massacre impartial, qui n'est pas du goût des artistes.

Je sais qu'on invoque une question de principe : il est déplacé de mettre à la scène les représentants de la religion. Ceci vaut d'être discuté. En fait, certes, la chose est nouvelle. Avant *Ces Messieurs*, en effet, le prêtre n'apparaît au théâtre que comme silhouette éphémère. Car on ne peut décemment ranger *l'Abbé Constantin*, n'est-ce pas, au nombre des pièces qui comptent ? Il y a bien *l'Abbé Pierre*, de Marcel Prévost, qui fut joué au Théâtre Libre. Le reprendrait-on aujourd'hui ? Il y a l'abbé du *Repas du Lion*, celui du *Domaine*, celui du *Torrent*, l'évêque de la *Vie Publique*. C'est, je crois, à peu près tout. Nous sommes, en ce point, des retardataires. Les auteurs étrangers ont toute licence pour mettre à la scène les ministres du culte : voir Ibsen, Bjornson, Sudermann. Deux chefs-d'œuvre :

Brand, Au delà des forces humaines, ont pour héros un pasteur révolté. C'est que le prêtre, chez les peuples du nord, est déjà un demi-laïque. Il se mêle à la vie sociale et familiale de la race plus intimement que le curé. Chose essentielle, qui sépare les hommes et marque fortement les castes, la soutane lui fait défaut. C'est, à mon avis, la soutane, c'est le costume ecclésiastique qui est chez nous le gros obstacle à la franche peinture des mœurs cléricales. Le public français, devant cet emblème entouré d'un respect atavique, éprouve un sentiment de pudeur qui se changerait vite en sentiment de gêne si le personnage qui porte la robe en était trop clairement indigne. Voilà pourquoi nous n'avons pas, au théâtre, de pendant à ces âpres études que le roman nous a données: *la Faute de l'abbé Mouret, Lucifer, l'Abbé Tigrane* et *l'Empreinte*. Mais cela, pure question de prudence, ne saurait être éternel. Quoi qu'on fasse, l'art dramatique évolue en même temps que les mœurs. Il s'est attaqué aux questions sociales, avec une rare virulence. Il s'attaque aux questions religieuses. Quoi de plus nécessaire et de plus logique? Nul ne peut prétendre échapper à la libre et vivante satire pour qui rien aujourd'hui n'est sacré. Georges Ancey aura eu l'audace de risquer le premier la partie que d'autres ambitionnaient sans doute. On lui fera honneur quelque jour de ce dont on lui fait un crime. Encore y a-t-il des convenances à suivre, une manière, un tact, un doigté, en si délicates matières. Y aurait-il manqué, par hasard ? Lisons-le sans rien préjuger.

La fable de *Ces Messieurs* est fort simple et se déroule avec aisance en cinq actes, où, selon le mot de Verlaine, il n'est rien qui « pèse ou qui pose ». Le premier nous montre la vie intime d'une riche famille bourgeoise dans une claire campagne de Touraine, famille bien pensante, conservatrice, où l'on prépare une candidature avec des œuvres de charité. La grosse affaire du moment est l'arrivée d'un nouveau prêtre dans la cure de Sérigny. Une jeune veuve dévote, Henriette, s'en montre inquiète à l'excès. Son frère, le raisonneur de la pièce, Pierre Censier, la plaisante gaiement. Il définit le caractère d'Henriette, belle encore, qui aima le monde, et dont le deuil exalta la piété, en ces quelques phrases charmantes: « Il y a en toi, « ô sœur inconsciente, un mélange bizarre d'aspira- « tions dévotes et de regrets mondains, une contra-

« diction de piété fervente et de souvenirs légers...
« En regardant (chez toi) d'un certain côté, il n'ap-
« paraît que des témoignages d'œuvres édifiantes,
« mais en ouvrant certain tiroir, à gauche, il en sort
« d'odorantes vapeurs qui obscurcissent le ciel.
« Enfin tu es dévote, et dans le fond tu es restée
« mondaine : tu es à la fois croyante et sceptique,
« tu es incohérente, diverse et multiforme ; tu es
« femme, en un mot, et tu n'aimes pas dire ton âge. »

Cependant arrive l'abbé Thibaut, jeune, affable et de bonnes manières. Il édifie les dames, caresse les enfants, tire de sa poche de belles images, et s'en va parmi les révérences. « C'est un saint ! » dit Henriette enchantée.

Le deuxième acte nous mène au presbytère. Nous voyons là, en quelques scènes, M⁻ᵉ Bernat, la vieille bonne de l'abbé, qui a de l'ambition pour son Jean-Marie, l'abbé Morvan, prêtre algérien, belle figure d'incroyant robuste que la bienfaisance active console de la foi perdue, Mᵐᵉ Pépin, chaisière de l'Église, éprise du Jésus en plâtre qu'elle orne chaque jour de fleurs nouvelles. J'omets mille traits pittoresques de dévotion provinciale. Surviennent Henriette et l'abbé Thibaut. La jeune femme, en phrases lyriques, avoue au prêtre ses tristesses, son âme vide, sa tiédeur anxieuse. Il la console en langage mystique, magnifiquement imagé. Elle se grise à ce charme ambigu. Ils forment l'édifiant projet de bâtir ensemble un asile. Cela occupera les loisirs d'Henriette et ne nuira pas au renom de l'abbé. « Il me semble, dit celui-ci resté seul, m'être comporté en tout ceci « d'une façon vraiment chrétienne. Et puis d'ail- « leurs c'est pour l'amour de Dieu. »

Le troisième acte est consacré à la visite de l'Évêque. On y voit l'abbé Thibaut, triomphant et modeste, recevoir les louanges de Monseigneur pour les bonnes œuvres qu'il a fait éclore. Ces dames, dit-il, en ont tout le mérite. Henriette proteste ingénument. Tout cet acte, fait d'épisodes, dont l'un (la comédie enfantine) est d'une gaieté homérique, rappelle les meilleurs chapitres de *l'Anneau d'Améthyste* ou de *l'Orme du Mail*. Il eût fait rire d'aise Ernest Renan. Il s'achève sur une scène exquise : l'abbé Nourrisson, jaloux de Thibaut, veut glisser à l'oreille épiscopale certaines révélations dont celle-ci n'est pas friande. Il y a là, dans la paix du soir qui tombe sur les tilleuls antiques, un assaut de ruses onctueuses, caresses sous lesquelles on sent les griffes, qui est un délice de haut goût. A la fin, l'Évêque se lève, tape sur la joue du méchant abbé, avec ces seuls mots:

« Vilain rapporteur! » C'est de la grande comédie.

Au quatrième acte éclate la crise ainsi préparée et prévue. L'abbé Thibaut est nommé vicaire d'une grande paroisse parisienne. Mᵐᵉ Bernat exulte; les dévotes se lamentent, et s'adressent à Saint Expédit pour conjurer le cataclysme. Henriette arrive impétueusement. Elle ne veut pas que l'abbé s'en aille, elle le juge ingrat, déloyal. Et, comme il feint de ne pas comprendre, dans un élan de passion elle lui crie la vérité de sa douleur, de son amour, de sa pauvre tendresse humaine déviée par le mysticisme. Et ce sont des soupirs vraiment beaux, formulés en une langue admirable. Je cède au plaisir de citer : « L'autre jour, par exemple...
« oh! l'autre jour! Vous veniez de consommer le
« Saint-Sacrifice avec une onction toute divine, sous
« le murmure des mots sacrés, avec une voix si
« secrète et si chaude! Vous étiez imprégné de lu-
« mière, vous agissiez dans une atmosphère mysté-
« rieuse et inquiétante, et vos mains expertes al-
« laient, se posant, en de molles attitudes, sur les
« livres saints et les vases sacrés. Je les avais sui-
« vies, dans la souplesse étudiée de leurs rites, et,
« quand vous vous retournâtes vers nous pour la
« bénédiction, quand vos mains sanctifiées se levè-

« rent au-dessus de nous, un peu lourdes, encore
« moites de s'être baignées dans le sang divin et
« comme parfumées encore de la chair du Christ,
« vous dire, vous dire ce que je ressentis ! Je voulais
« m'élancer vers vous, vers vos mains pour qu'elles
« me touchent, elles qui venaient de toucher Dieu !
« Oh ! être touchée, caressée, meurtrie par ces
« mains-là ! » Je ne crois pas que, depuis les pages
célèbres où Emma Bovary agonise, la sensualité
mystique ait trouvé de plus parfaits accents. Et
comme l'abbé, décidément, se dérobe, cherche des
défaites diplomatiques, uniquement soucieux d'é-
viter le scandale, Henriette, furieuse et blessée, le
quitte en le menaçant d'un éclat.

La pièce, dès lors, est finie. L'abbé ne reparaî-
tra plus. Il s'éloigne paisiblement vers des destinées confortables. Le cinquième acte nous fait
assister aux aigres querelles d'une famille désunie
par « ces Messieurs » et à la convalescence d'Henriette, malade d'exaltation déçue. Pierre, l'homme
de bon sens et de bon cœur, trouve enfin les accents qui la touchent et la jette aux bras des enfants. Elle a retrouvé le goût de la vie : sa nature
saine la sauvera.

Cette analyse, que je crois fidèle, dit le faible et
le fort d'une pièce dont le vrai titre — l'auteur y

songea — serait à mon sens *la Dévote*. Henriette est la figure centrale, seule émouvante, du tableau, où s'agitent dans la pénombre tant d'esquisses réjouissantes. Ses faiblesses, ses petits ridicules, sa douleur et sa bonté sont mis en frappante lumière et forment les péripéties du drame. Elle est bien la sœur, séduisante et troublée, des autres héroïnes d'Ancey, *la Dupe* et la jeune veuve de *l'Avenir* dont je ne me rappelle plus le nom. C'est une création originale faite pour tenter une grande artiste.

Par contre l'abbé Thibaut, dont on attend beaucoup, déçoit la curiosité. Il reste à l'état de portrait sommaire. Nous distinguons bien sa belle silhouette d'officiant aimable et ambitieux, nous remarquons ses tics, ses gestes, son langage souple et fleuri. Mais son cœur, sa pensée secrète, son vrai caractère nous restent obscurs. L'auteur n'a pas su les illuminer de ces clartés brusques, farouches, qui révèlent le fond d'une âme. Il nous annonçait un Tartufe et c'est une Elmire qu'il nous montre. Je crains que nous ne perdions au change.

Peut-être — car c'était l'écueil — Georges Ancey a-t-il reculé devant une biographie trop spéciale. Il semble avoir là hésité. Par une gaucherie qui étonne, en cette comédie si adroite, c'est dans une scène épisodique, c'est à la vieille gouvernante qu'il fait révéler par Jean-Marie la confidence de ses luttes intimes. J'y relève des indications précieuses, mais vaines, faute d'être à leur place. Relisez ce touchant récit : « Tu connais ce petit « carrefour, là-haut au seuil de la forêt, si calme, si « seul... » et ce qui suit jusqu'à ces mots : « Voilà « où j'en étais quand la nuit me surprit. Je redes-« cendis au presbytère, songeur, mais — et c'est « peut-être ce qu'il y a de plus triste — moins abattu « qu'on n'aurait pu le croire, dans la situation d'un « homme qui prend son parti et qui dit: « Eh bien, « voilà ! » Depuis je n'ai jamais pu réagir. Je ne crois « plus, Francine ! » Tout cela est exact et profond, mais c'est extérieur à la pièce. Il fallait que cette crise de l'abbé en fût le pivot, au contraire. Esquiver la difficulté n'est pas la résoudre. Ah ! si Jean-Marie avait eu des mots pour confesser cette détresse devant Henriette elle-même ! si nous assistions à la double défaite de la dévote et de l'abbé, si la femme, alors, se détournait de son idole dépoétisée, quel puissant conflit dramatique ! Je donne dans le travers commode de refaire — de défaire — une pièce, mais, à défaut de cette conclusion, telle autre pourrait intervenir. Ce que je maintiens, c'est que Georges Ancey aurait pu rehausser son abbé de couleurs plus passionnantes. La scène capitale du IV, mélange subtilement dosé de hardiesse et de discrétion, y aurait gagné en franchise, sans être plus dangereuse, au contraire. Pour peu qu'on se pique de la chose, mieux vaut être hardi tout à fait. Pour rappeler encore un mot de Becque : « Tout l'art dramatique est *dans le manque de mesure.* » Georges Ancey reste trop raisonnable. Il me répondra que c'est fort joli d'écrire cinq actes qui tiennent debout. D'accord. Mais il ne saurait se fâcher d'être l'objet d'une critique dont Molière inspira la formule.

Et les scrupules de la Censure ? Ce n'est pas ma faute si, chemin faisant, je n'ai rien relevé qui les justifie. Il s'agit ici d'une œuvre d'art où nul passage, à ma connaissance, ne choque la décence et le bon goût. Veut-on que les effusions d'Henriette semblent déplacées à la scène ? Alors il faut interdire *Manon.* Il me semble que, précisément, la froideur de l'abbé Thibaut, dont je faisais tout à l'heure un reproche, doit compenser, s'il en est besoin, les ardeurs de sa belle pénitente. Serait-ce le sceptique Pierre qui se permet des coups de boutoir trop vifs ? (« La liberté, il n'y en a pas ! « On rencontre un chien galeux, on le tue. ») Mais ce n'est qu'un rôle entre dix et quelques phrases dans un rôle. La pièce est anticléricale, c'est entendu. Mais elle reste dans les limites d'une hardie satire de mœurs. Il serait curieux vraiment qu'une assemblée de dilettantes ne pût supporter sans tapage l'expression d'une pensée libre, alors que la Tribune et la Presse sont livrées aux violences sans contrôle de gens qui ne pensent pas du tout. J'entends M. Larroumet me répondre : « Le théâtre « n'est pas un meeting. » Sans doute. Mais il ne saurait, sans déchoir, s'abstraire des questions vitales qui enfièvrent la vie contemporaine. M. Georges Ancey a raison de dire que l'influence du prêtre sur la femme est une de ces questions-là. Il faut donc souhaiter, pour l'honneur des lettres, que l'interdiction soit rapportée et qu'Ancey, après *Ces Messieurs*, nous donne, désormais sans entrave, la série de belles et bonnes pièces dont celle-ci est le gage certain et l'appétissante promesse. Je suis sûr qu'il n'y manquera pas.

PAUL HERVIEU

A Robert de Flers.

M. Paul Hervieu occupe, parmi les jeunes maîtres actuels de la littérature dramatique, une place très spéciale et très enviable. Il est, avec M. de Porto-Riche, le seul champion autorisé de la comédie moderne qui ne sorte point du Théâtre Libre. Il n'est pas mêlé, même par ses débuts, à cette escouade vigoureuse qui, aux grognements approbateurs de Becque, a pris d'assaut les scènes du boulevard et rénové la dramaturgie. Du boulevard, M. Paul Hervieu ne connaît que le Vaudeville. Et c'est à la Comédie-Française qu'il a réservé ses tendresses.

Ce n'est pas le hasard, je suppose, qui en a décidé ainsi. M. Paul Hervieu, s'il n'est d'aucun groupe et prit soin de se former tout seul, ne s'est pas moins laissé guider par des affinités très sûres et un jugement très averti. Diplomate et homme du monde par naissance, par carrière et par goût, il lui plut de demeurer tel, quand un succès, heureux pour nous, l'inclina vers les belles-lettres. On imagine volontiers ce jeune homme élégant et discret faisant figure au Quai d'Orsay, se jouant avec ironie des belles dames et des snobs cruels qu'il nous offrit « peints par eux-mêmes », publiant des études précises sur la Porte, l'Annam ou la Chine, toujours dans la *Revue de Paris*, et arrivant à l'Académie par la politique lettrée aussi aisément qu'il y vient d'entrer par la littérature mondaine. Il avait un cadre, un milieu, dès son accès dans la vie sociale. Il n'a point essayé d'en sortir, comme François de Curel par exemple, pour connaître les vastes orages d'une démocratie troublée. Sa marque est d'être un auteur de caste. C'est une faiblesse et une force. Il le sait et s'en glorifie. Je me rappelle une lettre charmante dans laquelle il réclamait naguère la liberté, pour chaque auteur, de choisir à son gré ses modèles, et regimbait contre l'esthétique qui voudrait imposer à l'artiste telle matière d'art plutôt que telle autre, comme supérieure en soi. Le spectacle, disait-il, n'importe. Il n'est que manière de le rendre. Accordons-lui cette justice qu'il a su trouver « la manière ».

Il est logique, pour cet écrivain, d'avoir débuté

par le livre. C'est plus propre, plus net, plus prudent que les entreprises théâtrales. Le théâtre est un salon ouvert où les sociétés sont mêlées, et où tel rustre, d'aventure, peut risquer d'être familier. M. Hervieu publia donc, chez Lemerre, des nouvelles d'abord et puis des romans. Il contourna, tarabiscota, comme pour dérouter la galerie, une pensée d'ailleurs originale. Il trouva moyen, par son style, d'étonner Ferdinand Brunetière, amateur, comme chacun sait, de la prose courante et fluide. Mais ledit Brunetière, on le sait moins, cache en son enveloppe scolastique un secret trésor d'indulgence pour les dehors de gentilhomme dont il est cruellement dépourvu. Il subit la séduction d'Hervieu. Les Deux-Mondes apprirent, dans la *Revue*, à décortiquer l'œuvre rêche et substantielle du jeune auteur. Et nous eûmes un Paul Bourget moins disert, moins philosophe, moins émerveillé de dandysme, aussi fort, aussi pénétrant, plus vraiment artiste que l'autre.

Enfin assuré de sa maîtrise, Paul Hervieu devait aborder le théâtre, comme toute sa génération. Il le fit avec tact et sans bruit d'abord, en amateur détaché. C'est devant un cercle aristocratique que fut joué *Point de Lendemain*, cette fantaisie poudrée, musquée, dont la galante Odéonie vient de faire la falote reprise. Puis, coup sur coup, trois grandes pièces : *les Paroles restent*, au Vaudeville ; *les Tenailles*, *la Loi de l'Homme*, aux Français. Hervieu s'y précise et s'accuse avec une soudaine énergie. Plus de périphrases compliquées ; un style aigu, ferme et franc ; une action un peu arbitraire, schématique, mais émouvante, délicieusement romanesque dans la première comédie, atroce dans les deux suivantes. Il s'agit toujours de gens du monde dont l'amour épuise, absorbe la vie. Mais les caractères sont en relief, la psychologie âprement creusée. Le dramaturge ignore ou écarte toutes contingences sociales, les peintures réalistes du milieu ; il ne se plaît à mettre en scène que des entités passionnées. Ce théâtre abstrait, littéraire, est à l'usage des gens riches ; il exige des lorgnettes précieuses. Ainsi la tragédie de Racine s'adaptait à la cour du Grand Roi. Hervieu, conscient de sa lignée, réclame à bon droit, pour ses pièces, ce beau titre de tragédie. Une de ses pensées favorites est que le drame, genre bâtard, doit faire place aux types classiques, redevenus purs, de l'espèce : tout pour le rire ou pour les larmes, pas de croisement adultérin. Idée en soi fort contestable, qui vaut ce que vaut une formule : elle exprime un tempérament.

Telle est l'esthétique d'Hervieu. *L'Énigme*, qui triomphe aux Français, la confirme et la réalise avec une parfaite rigueur. La fable de cette courte pièce est d'une simplicité violente. Deux frères, les de Gougiran, habitent, avec leurs deux femmes, un ancien pavillon de chasse royal au milieu de forêts giboyeuses. Un vieil oncle à héritage, libertin attendri, de Neste, un gentilhomme maladif, Vivarce, sont leurs hôtes accoutumés. Nous apprenons au premier acte que Vivarce, au su de M. de Neste, est l'amant d'une des deux femmes. Nous apprenons que les deux frères sont des maris féodaux qui n'hésiteraient pas à traiter un rival comme un chevreuil ou comme un perdreau. Nous voyons les deux femmes, restées seules, laisser ouverte, d'un commun accord, la porte qu'ouvrira Vivarce. Laquelle des deux est l'amante ? C'est l'Énigme. Au second acte, les deux frères sont debout dès l'aube pour une chasse matinale. Bruit dans le couloir : c'est Vivarce ! Trépignements et imprécations. Les femmes surviennent l'une après l'autre, se chargent avec sauvagerie. Un coup de feu : Vivarce est mort. La coupable, Léonore, s'effondre avec un cri déchirant. (Ah ! si vous entendiez Bartet !) Son mari la « condamne à vivre ». Et de Neste survient — un peu tard —

pour annoncer que la loi de meurtre fera place à la loi de pitié. Beccaria, après Dracon, n'eût pas manqué de dire Hugo.

N'alléguez pas que ce résumé est d'une sécheresse indécente. Il convient à une œuvre qui s'efforce d'accumuler les effets tragiques en restant avare de mots. Elle y réussit à merveille. Le public subit ces chocs barbares comme des décharges électriques ou comme une suite de coups de poing. Il en reste un peu affaissé d'abord, puis s'enthousiasme sans transition. Il n'est que juste d'ajouter qu'une interprétation hors ligne — Bartet, Brandès, Lebargy, Mayer — n'est pas étrangère à la chose.

Peut-être déjà cette analyse, de par sa brièveté même, fait-elle sentir ce qui manque à ces deux actes concentrés. Ce qui manque, c'est un troisième acte, où l'action se développerait plus harmonieuse et moins heurtée et d'où la philosophie de l'auteur se dégagerait plus convaincante. Nous n'avons ici qu'une esquisse : exposition (un peu maladroite), péripétie et dénouement brusques, trop énergiquement ramassés. Dumas fils prenait quatre ou cinq actes pour étayer une thèse nouvelle. Cette réplique à son « Tue-la » nous apparaît vraiment sommaire. Elle garde, malgré tout, l'apparence d'un fait-divers intéressant auquel seraient juxtaposées des réflexions évangéliques. On ne m'ôtera pas de l'esprit qu'une telle donnée, primitivement, devait comporter d'autres débats. Hervieu n'a-t-il pas consenti quelque amputation douloureuse? Ses recettes y ont gagné peut-être, mais non la portée de sa pièce. C'est la rare et la belle gageure, quand on soulève ces problèmes, de tenir le juste équilibre entre la pensée et l'action.

Ces critiques sembleront hargneuses après les louanges de la presse. Mais celles-ci, précisément, doivent justifier celles-là. Comparant *l'Énigme* aux œuvres courantes, je céderais au délire unanime. Comparant *l'Énigme* à l'idéal que nous évoque Hervieu lui-même, j'ai le droit de me montrer plus strict. Cet idéal, il l'étreignit d'une emprise victorieuse dans la seule pièce qu'à dessein je n'ai pas encore nommée, cette âpre *Course du Flambeau*, où l'on ne sait qu'admirer davantage, de l'humanité pitoyable ou de la grandeur symbolique. Ici, pour la première fois, Hervieu brise enfin son cadre. Le philosophe, décidément, s'affranchit de l'homme du monde. Si l'on songe que *l'Énigme*, d'ailleurs, attendit trente mois, aux Français, le moment de voir la lumière, il y a lieu de croire que la pièce du Vaudeville marque l'étape la plus récente, en même temps que la plus décisive. Avec des romans tels que *l'Armature*, tels surtout que *Peints par Eux-mêmes*, où l'observateur moraliste, par delà les individus, dénonce une loi sociale, elle présage des œuvres futures de tenue moderne et classique, d'émotion et de beauté. Nous les saluerons avec joie.

FRANÇOIS DE CUREL

A Henry Bérenger.

C'est une figure très originale. Il y a, dans ce gentilhomme lorrain, un apôtre, un orateur, un sceptique et un dilettante. Total : un artiste de marque, inégal mais savoureux.

Au physique, il n'annonce d'abord aucune de ces qualités. Petit, rieur avec de longs silences, l'air timide et un peu sauvage, nullement fier, il ressemble plutôt à un savant qui vivait à l'écart des hommes qu'à un vigoureux dramaturge. Vous le croiseriez dans les couloirs d'un théâtre, — où il se promène très rarement, — sans vous retourner, j'en réponds. Prenez garde : ces traits fins et fermes décèlent une race énergique ; ce front bombé révèle une pensée; ces yeux étonnés qui regardent ailleurs, ces yeux d'enfant qui s'émerveille sont pleins de rêverie féconde. Et la physionomie entière, avec son collier de barbe embroussaillée, ce je ne sais quoi d'indécis, d'inachevé qui déconcerte, respire une franchise, une ingénuité qui ne laissent pas d'être un charme, parmi tant de masques d'emprunt.

Le peu que nous savons de son histoire s'accorde bien avec cet aspect, non pas humble, mais effacé. Enfant, rien ne fit présager en lui une vocation étonnante. Il aima les lectures sans doute, Fenimore Cooper et Jules Verne. Plus d'une fois le salon paternel se transforma en forêt vierge. Il se donna la comédie avec des crayons de couleurs diverses. Bien d'autres en ont fait autant, aujourd'hui rentiers ou fonctionnaires, que la folle du logis désormais laisse parfaitement tranquilles. Il fut élevé chez les Jésuites, dont il se montra l'élève attentif. Il fit là de bonnes études classiques, et, chose plus rare, y observa les mœurs du clergé de manière un peu plus intime que la moyenne des Français. Il passa par l'École centrale, se disciplina aux sciences comme Sully Prudhomme et Estaunié. Libre enfin, il pouvait entrer dans une industrie familiale, devenir un puissant du jour : les de Curel et les de Wendel sont de grands métallurgistes lorrains. Mais, selon sa formule familière, « cela ne s'arrangea pas ». Il chercha un autre passe-temps. De vingt-trois à trente-six ans il voyagea, fit des lectures, compléta son éducation moderne un peu négligée par les bons Pères, et s'adonna même aux lettres, sans succès, il faut bien l'avouer. Les deux romans qu'il a publiés, *l'Eté des Fruits secs*, *le Sauvetage du Grand-Duc*, n'offrent vraiment quelque intérêt qu'au seul titre documentaire. M. Charles Maurras, qui en parla sans indulgence exagérée, y signala chez leur auteur une vocation pour le vaudeville. En fait on ne pouvait découvrir en ces études sèches et légères, d'une humour forcée, l'indice de la nature tragique, riche en contrastes généreux, qui s'est manifestée depuis.

⁂

En 1891, André Antoine, alors directeur du Théâtre Libre, en villégiature à Camaret, extrayant au hasard d'une malle profonde la foule poudreuse des manuscrits, lut coup sur coup trois pièces modernes signées de trois noms différents, qui le mirent en allégresse. C'étaient, s'il vous plaît : *l'Amour brode*, *l'Envers d'une Sainte* et *la Figurante*. Antoine se souvient encore, avec l'orgueil du vieux chasseur, de l'émotion que lui causa ce triple arrêt inusité devant une proie magnifique. L'orgueil, ici, n'est pas déplacé. S'il existe un flair directorial, en voilà, certes, un bel exemple. Écrire aux trois inconnus fut l'affaire de la même journée. Au retour du courrier, nouvelle surprise. Les trois inconnus n'en faisaient qu'un : c'était M. François de Curel, qui avait voulu, pour tenter la chance, lui offrir son bagage d'un coup.

Depuis lors, vous savez l'aventure : *l'Envers d'une Sainte* et *les Fossiles* (écrits en un mois la même année), révélés par le Théâtre-Libre, *l'Invitée* jouée au Vaudeville, *la Figurante* à la Renaissance, *l'Amour brode* aux Français (trois fois!) et, chez Antoine, boulevard de Strasbourg, *le Repas du Lion, la Nouvelle Idole*, suivis aujourd'hui de *la Fille Sauvage*. Mentionnons encore, il y a deux ans, une reprise des *Fossiles* aux Français, qui ne fut pas des plus heureuses. Ce théâtre, on le sait, ne porte pas bonheur aux œuvres de vraie nouveauté.

Carrière mouvementée, en somme, glorieuse mais toujours combative. De Curel a fait le prodige de s'imposer sans plaire au grand nombre. La foule l'ignore, ou sinon le salue de loin, avec respect, et va voir Valabrègue ou Feydeau. Une minorité fervente l'en dédommage de son mieux avec des louanges choisies. Il n'est que juste d'insister sur la part d'Antoine en ce tour de force, flagrant démenti à ceux qui l'accusent d'être l'esclave de sa fortune. Sans Antoine, il est fort probable que de Curel serait presque inédit. Le Boulevard, qui en a tâté sans fruit, ne recommencerait pas l'expérience. Les Français, l'Odéon peut-être, après d'infinies simagrées, essaieraient une fois tous les cinquante ans. Et ces drames d'allure épique, de beauté vivante, de portée profonde, *le Repas du Lion*, *la Nouvelle Idole*, *les Fossiles* nous seraient inconnus.

L'œuvre, telle qu'elle m'apparaît, se divise en deux parts distinctes. D'un côté les pièces intimes, analyses de cœurs amoureux, où dominent les figures de femmes, de l'autre les pièces sociales mélangées d'autobiographie, où l'auteur lui-même entre en jeu et s'attaque aux problèmes actuels. Au premier groupe appartiennent *l'Envers d'une Sainte*, *l'Amour brode*, *la Figurante*, *l'Invitée*. Au second *les Fossiles*, *le Repas du Lion*, *la Nouvelle Idole*, *la Fille Sauvage*. Quatre drames de chaque côté, c'est d'un surprenant équilibre

Chaque groupe a ses caractères propres. Les

pièces intimes sont les mieux faites, les plus nettes, les plus cohérentes. Les intrigues, qui procèdent toujours d'un cas psychologique imprévu, sont adroitement agencées, les silhouettes curieuses et justes. Nul excès, nulle boursouflure. Ceux qui reprochent à M. de Curel de ne jamais savoir son métier n'ont pas bien lu ces tragédies d'un dessin si sûr, si aigu. On conçoit — ce n'est pas un hasard — que celles-ci précisément aient tenté les scènes à la mode. Après ceux de Musset, de Racine, je ne crois pas que notre théâtre offre en sa riche galerie de plus beaux portraits féminins que la Julie de *l'Envers d'une Sainte*, Madame de Grécourt (*l'Invitée*), la Françoise de *la Figurante*, voire la Gabrielle de *l'Amour brode*. Je donnerais volontiers, pour elles, toutes les héroïnes éloquentes, romantiques et abstraites de Dumas fils. Elles n'attendent qu'une Desprès qui, les incarnant à nouveau, les fasse adorer du public. Et il y a dans ces quatre drames, d'une complication si désolée, une psychologie de la névrose morale qui s'intitule l'amour moderne bien supérieure, à mon goût, aux conférences de Paul Bourget.

Les pièces sociales, aventureuses, abondantes, inégales, superbes, enfiévrées d'un souffle enthousiaste, donnent sur les nerfs des logiciens stricts et réjouissent les poètes, ou, tout bonnement, les cœurs simples. Toute une histoire d'âme s'y déroule, à travers les conflits les plus nobles qui puissent passionner un haut esprit. *Les Fossiles* nous font assister à la grandiose agonie d'une famille aristocratique. C'est toute la noblesse française qui meurt avec Robert de Chantemelle, et, prenant conscience d'elle-même en ce testament héroïque si bien lu par la divine Bartet, indique à ses héritiers bâtards la voie des revanches possibles.

Le Repas du Lion, c'est la même noblesse abordant la question sociale, ses rapports avec la bourgeoisie conquérante et le prolétariat révolté. *La Nouvelle Idole* nous décrit; — vous savez, je suppose, avec quels accents, — la lutte de la science et de la foi dans le cerveau d'un savant illustre. Et *la Fille Sauvage*, enfin, c'est le poème de la haute culture greffée sur une nature inculte, c'est l'apothéose mélancolique du catholicisme expirant, c'est la décadence inévitable, après une minute sublime, de la race humaine affranchie qui se divinise elle-même, et que, livrée à ses propres forces, entraîne le vertige final. Thèmes difficiles, s'il en fut, à présenter de façon scénique !

Tous ces drames expriment, sinon un système,

— écartons ce mot trop rigide, — au moins une pensée, une tendance commune. Très nettement ils disent le combat de la conception chrétienne du monde avec l'idée scientifique. Chacun d'eux n'est qu'un épisode de cette grande bataille moderne. Les préférences de l'auteur ne paraissent guère douteuses, malgré son effort vers l'équité. Son esprit salue comme nécessaire l'avènement des forces neuves dont il reconnaît la grandeur. Mais son cœur, sa tendresse d'artiste vont vers les formes du passé. C'est en ce sens qu'on lui appliqua, non sans apparence de justesse, l'épithète de réactionnaire. Ces classifications simplistes sont en général détestables. Celle-ci n'est fausse qu'à moitié. Il est clair que *les Fossiles*, par exemple, rendent un émouvant hommage à la tradition féodale. La pièce vibre tout entière d'un grand soupir vers les vieux chênes qui naguère dominaient les taillis. Jean de Sancy est un de Mun emporté vers la classe ouvrière par une sentimentalité oratoire qui se ressaisit à la fin, dans un farouche élan de fauve, et déchire de ses propres mains le pacte qu'il avait souhaité. Nul n'est plus antisocialiste que ce démocrate hautain. Albert Donnat, le docteur fanatique, n'exalte si haut la science que pour briser la cruelle Idole devant le geste spontané d'une petite fille qui croit. Et Marie, la Fille Sauvage, quand elle a « soufflé sur la tour » bâtie par quinze siècles de mysticisme, sent qu'elle va sombrer peu à peu dans une tristesse incurable. Tout cela est vrai. C'est incomplet. Les mêmes personnages, de toute évidence, sont consumés par l'ardent désir, l'espoir anxieux d'une foi nouvelle. Ils l'appellent, ne l'atteignent pas, et retombent à la foi antique qui ne peut plus les satisfaire. L'un d'eux, l'explorateur Moncel, proclame expressément que l'humanité entière connaîtra un jour le règne bienheureux de la raison pure. Mais le même ne voit rien de mieux, pour y acheminer les âmes, que les fables enchantées de l'Église. Toute la philosophie de Curel tient dans cette double assertion. Il est, dans la même minute, coup sur coup moderne et moyenâgeux, rationaliste et catholique. C'est un Janus à deux visages. C'est ce qu'on appelle un « néo-chrétien ».

Ces contrastes, qui forcent l'estime par leur sincérité visible, lui valent, c'est assez naturel, d'être incompris de plusieurs côtés. Si les démocrates lui reprochent une libération imparfaite, les conservateurs ne sont pas loin de le traiter comme un transfuge. *Les Fossiles* ont fait scandale dans le noble faubourg Saint-Germain. Témoin ce mot naïf et drôle d'un académicien titré qui gémissait le soir de la première dans les couloirs de la Comédie-Française (hospitalisée à l'Odéon) : « Non, « cher ami! si la race des Chantemelle ne peut « absolument survivre qu'au prix d'abominations « pareilles... eh bien, j'aime mieux qu'elle dispa- « raisse ! » Affaire de goût, c'est évident.

Au moins, qu'on le blâme ou l'approuve, un état d'âme si fertile en oppositions multiples est-il, au plus haut point, dramatique. André Gide a écrit joliment : « Le propre de l'âme chrétienne est « *d'imaginer en soi des batailles.* » Cela est plus exact encore de la pensée néo-chrétienne qui emprunte à sa sœur antique la soif brûlante de l'absolu, en ayant perdu l'illusion de croire qu'elle peut l'étancher. Créer un absolu nouveau ! Tel est le soupir désespéré de cette pensée hermaphrodite, partagée entre deux hérédités contraires, qui voudrait concevoir un monde et n'enfante que des monstres informes. Ce duel intime est tout à fait propre à être rendu par le drame, qui tend aujourd'hui visiblement à primer tous les autres modes de confession littéraire. Les héros de François de Curel sont les fils que peut engendrer une époque de crépuscule où s'effacent un à un tous les dieux. On peut souhaiter que d'autres surgissent avec plus d'allégresse confiante et se tournent vers l'aube des temps futurs. Il faut savoir gré à ceux-là d'avoir traduit avec angoisse — sous la forme d'art nécessaire — les obscurs frissons, les scrupules, les nuances décomposées de tant de cœurs en qui survit ce qu'on nomma le « mal du siècle », héritage que le Vingtième devra nettement répudier.

Est-ce que ce portrait composite ne vous évoque pas un ancêtre, celui dont le chant mélancolique a bercé l'agonie d'un siècle et charmé l'aube du suivant? Ainsi que François de Curel il fut gentilhomme et fut écrivain, glorifia sa caste et sa religion, en restant ouvert aux idées farouches qui bouleversaient le monde autour de lui, et revêtit d'une forme somptueuse les plaintes d'un génie troublé. C'est lui, ne vous y trompez pas, c'est le châtelain de Combourg qui revit ainsi parmi nous, sous l'apparence plus modeste d'un petit hobereau de Lorraine. Oh! les temps ont changé, lui aussi. Il a renoncé à l'action. Il n'ira pas batailler au loin sous l'uniforme de l'émigré. Les votes ont remplacé la poudre. Il ne demandera pas une ambassade aux ministres d'une République pourtant ouverte à ses pareils. Il ne promènera pas sa superbe de New-York à Jérusalem. Londres et Rome lui suffiront...

En revanche il abordera la foule d'une manière plus directe et plus sonore que le message muet du livre. Il osera poursuivre au théâtre une alliance magnifique de l'art et de l'apostolat. Et, parmi les comparses utiles pour créer la fiction tragique, c'est lui-même encore qu'il mettra en scène, ses désirs, ses désillusions, ses souvenirs d'enfance et ses cris d'homme mûr, et le soupir toujours vibrant de sa fantaisie désolée...

**

Sans poursuivre ce jeu d'esprit, il faut retenir une attitude qui apparente M. de Curel, en effet, bien davantage aux romantiques qu'à sa propre génération. Il apparaît, poète en prose, l'héritier autrement fidèle des Châteaubriand et des Vigny que ceux qui s'obstinent à nous servir des tragédies en vers à costumes, sans âme et sans haut idéal, ne sont les héritiers d'Hugo. Presque tous ses rivaux en célébrité procéderaient plutôt de Balzac. Ils s'efforcent à noter des milieux, des types rencontrés, des choses vues. Leur observation est impersonnelle. Ils n'interviennent pas dans leur œuvre. Ils sont purement réalistes. De Curel est trop de son temps pour vouloir ignorer ce souci. Il a donné plus d'un exemple d'exacte vision pittoresque. Il a même, à un vif degré, le sentiment de la nature, qu'il aime évoquer dans ses drames comme cadre à l'action humaine. Mais c'est, avant tout, un lyrique. Il a le sens et la passion des mystères de la vie intérieure. Son style, souvent scientifique, abstrait, incorrect, incolore, retrouve soudain les grandes images, la prosopopée fastueuse qu'on affectionnait autrefois. Surtout il se mêle à ses fictions, et par là leur donne une allure qui les classe bien au-dessus des peintures de mœurs ordinaires. On sent que le drame est pour lui une crise vivante, un combat. En un mot, c'est un homme d'action qui se résigne à être artiste — je soupçonne que c'est le cas des plus grands — par sagesse, non par paresse, parce qu'il est venu dans ce monde trop tard pour agir, ou trop tôt. Lui-même l'a laissé entendre avec une crânerie élégante : « L'homme capable d'apporter « des solutions très nettes, valables pour huit jours, « en fait de questions sociales, aurait tort de perdre « son temps à fabriquer des dénouements. » (En-

quête de la *Revue d'Art dramatique* du 20 février 1898.) Et ailleurs (lettre à M. Binet, *Année psychologique*, 1894) : « Je suis, par définition, l'indi-
« vidu *très atténué* qu'on peut aisément supprimer,
« et j'ai grand soin qu'il en soit toujours ainsi...
« *afin d'exister davantage par mon œuvre que par*
« *moi-même.* » On voit qu'il se connaît à fond et se juge, comme il convient, sans complaisance et sans modestie.

De là, de cet équilibre instable entre la pensée et l'instinct, ses longs tâtonnements du début, ses retraites, sa vie cachée de chasseur et d'homme des bois. De là, au point de vue métier, souvent, ses inexpériences fâcheuses. Il suit sa chimère, s'inquiète peu des autres, lit beaucoup, ne va guère au spectacle. Ses propres répétitions l'ennuient, il s'y sent malheureux, malhabile. Bien vite il se désintéresse de cette besogne minutieuse où triomphe un Brieux, un Sardou. De là aussi ses audaces fécondes, ses coups de génie solitaires, ces fenêtres inattendues qu'il ouvre sur le monde et la vie. C'est un amateur? Si vous voulez. Lamartine se glorifiait de ce titre. Tel quel, il ose des gageures qui feraient bouder les faiseurs experts. Ses pièces sont maladroites ? Parbleu ! Si vous croyez l'entreprise commode de faire tenir en dialogues qui émeuvent vingt salles frivoles une philosophie personnelle ! J'entends bien qu'on objecte : « A quoi bon ? N'est-il « pas d'autres occasions, à la Chambre ou bien dans « la presse, de placer des morceaux d'éloquence ? « Toute pensée qu'on vulgarise n'est-elle pas forcé- « ment vulgaire ? » Ces critiques chagrins ne voient pas que nul discours ne vaudra jamais le choc passionné du drame, qui met aux prises les consciences diverses, qu'au point de vue strictement artistique il y a dans ces débats mouvants une matière neuve admirable, et qu'il ne s'agit pas enfin de découvrir des panacées, mais de disposer en beauté des éléments connus de tous. C'est très difficile, d'accord, et cela ne s'enseigne pas aux médiocres. Quand on réussit, c'est très beau. Je laisse aux byzantins de savoir si c'est, oui ou non, du théâtre.

François de Curel nous offre ainsi un remarquable essai de synthèse entre les deux grandes écoles qui se sont partagé le dernier siècle : le romantisme et le réalisme. Il appartient à l'une par sa méthode, à l'autre par son idéal. Jeu bizarre, qui ne va pas sans péril. Sans gloire non plus, heureusement. C'est celui-là même auquel un Ibsen a dû de créer, vers cinquante ans, une douzaine de chefs-d'œuvre uniques. Je n'entends pas dire par là que Curel ait pris ce modèle. Je pense qu'il est, au contraire, de formation toute latine, uniquement pétri par nos maîtres. Je ne veux qu'indiquer la rencontre de deux génies très dissemblables dans le vaste domaine esthétique. Il pourrait y avoir là un indice précieux pour la renaissance de l'art dramatique, si passionnément appelée en France par tant d'esprits d'ordre divers, si les théories en ces matières valaient plus qu'une coque de noix. Il n'est que des tempéraments. Bornons-nous à saluer un homme libre qui, en ce temps de bas calculs, d'adroite fabrique, de minces profits, nous donne parfois, au théâtre, la grande illusion humaine de folie sacrée et de beauté. Pour ceux qui vivent dans ce bouge et qui voient resplendir tout à coup cette lumineuse rencontre, c'est une surprise éblouie qui les rappelle une seconde au sens divin de leur mission.

IV

NOTES ET IMPRESSIONS

IV

DE DUMAS A ROSTAND [1]

A Fernand Gregh.

Je m'en voudrais de contrister M. Filon. C'est un conteur fort distingué et un critique délicat. Je crois qu'il est, avec M. Paul Bourget, notre homme de lettres le plus au courant des choses d'Angleterre. Il s'est fait, de nous renseigner là-dessus, une sorte de mission brevetée où nul ne discute sa compétence. Je me rappelle tels de ses articles sur Tennyson ou sur Parnell qui m'ont été des révélations. Il faut être sensible à ces services-là. Mais

[1] *De Dumas à Rostand,* par Augustin Filon. Esquisse du mouvement dramatique contemporain. (Armand Colin et Cie éditeurs).

M. Filon a un autre rôle. Il renseigne aussi les Anglais, d'aventure, sur les œuvres et les gens de chez nous. Plus ou moins émigré là-bas, depuis la chute de l'Empire, il ignorait notre théâtre. Sur les instances du directeur d'un grand périodique de Londres, il s'est avisé de le découvrir. Bravement, il a reparu dans nos vieilles salles de spectacle qu'il avait quittées — jours lointains ! — à l'époque des romans de Daudet et des romances d'Offenbach. Il y a éprouvé maintes surprises. Les ouvreuses ne sont plus les mêmes, les journaux de l'entr'acte non plus. Détail vraiment mélancolique, le nom des bonbons a changé. Sur la scène comme dans la salle, les spectacles aussi sont nouveaux. De ses surprises et de ses remarques M. Filon a fait un volume qu'il nomme *De Dumas à Rostand*. Volume destiné, nous dit-il, à nos seuls voisins d'outre-Manche. Pure modestie, et, d'ailleurs, n'importe. Il est fort piquant de savoir sur quelles pièces nous serons jugés par les lecteurs de M. Filon qui jouit à Londres, bien entendu, de l'influence la plus légitime. Lecture faite, je reste inquiet et fort tenté par la chicane. M. Filon, dans une phrase aimable pour la *Revue d'Art dramatique*, note que « c'est d'hier à peine qu'elle a pris position sérieuse « sur le terrain des discussions de principes ». Il ne se fâchera point, je pense, de nous en donner une occasion.

Passons, s'il vous plaît, les premiers chapitres : Dumas et Augier, Pailleron et Becque. Ce seraient querelles un peu tardives. M. Filon préfère ceux qu'aimaient les jeunes de son temps. Nous garderons nos préférences. — Les analyses les plus longues du livre sont pour la « Comédie Nouvelle ». Nous avons une Comédie Nouvelle depuis peu d'années, vous en doutiez-vous ? M. Larroumet l'ayant affirmé et mon maître Faguet confirmé, je suis bien forcé de le croire. Je ne m'en serais pas aperçu tout seul. Il paraît que les anciens trucs ont été remplacés par d'autres. Les sujets sont toujours les mêmes, ceux du moins qui font des recettes. Mais il n'y a plus d'exposition et le dénouement est plus brutal, ou bien il n'y a pas de dénouement du tout. M. Filon se donne beaucoup de peine pour bien établir cette révolution, grosse de problèmes, comme vous voyez. J'avoue n'être pas compétent pour entrer dans la discussion. Je croyais que les sentiments importaient beaucoup plus que les formes, et qu'où le fonds reste semblable l'étiquette varie en vain. J'ai lu d'ailleurs, non sans intérêt, les pages consacrées à ces maîtres : Brieux, Henri Lavedan (?), Paul Hervieu, Jules Lemaitre, Maurice

Donnay. Voilà la Comédie Nouvelle. M. Filon, évidemment, connaît ces messieurs à merveille, mieux que les « jeunes » qu'il ignore. Cela est son droit sans contredit. Il n'avait point obligation de prédire les moissons prochaines. Je ne lui ferai là, de son point de vue même, qu'un ou deux reproches pleins d'aménité. M. Jean Jullien est plus qu'un jeune. Son cas est une des injustices du théâtre contemporain. M. Filon ne nomme de lui, pour en dire beaucoup de mal, que sa seconde pièce : *la Sérénade*. N'a-t-il point lu *la Mer*, ni *le Maître* ? M. Fasquelle, dont il se loue, ne lui a-t-il point fait tenir un volume qui s'appelle *le Théâtre Vivant* ? Il y eût trouvé de quoi fixer ses idées en ce qui touche le Théâtre Libre, sur lequel il se contente de reproduire une légende plus ou moins pittoresque et qu'il fréquente peu, je le crains. Du même coup il eût mieux embrassé le grand rôle du maître Henry Becque, dont l'influence dépasse de beaucoup une œuvre, par malheur fragmentaire, qui est là pour ouvrir les chemins. — A l'autre pôle de l'esthétique, était-ce assez, pour Maeterlinck, de signaler du bout des lèvres, parmi les incohérences symbolistes et les essais malencontreux, ce bref chef-d'œuvre de *l'Intruse* ? Celui-là est connu en Angleterre. M. William Archer, le grand oracle de là-bas, avec sa netteté habituelle, a dit sur lui les paroles nécessaires. Mais enfin c'est nous qui l'avons joué, et tout Belge que soit son nom, c'est bien en français qu'il écrit. Dans ce domaine de la féerie où vous faites, monsieur Filon, si belle place aux *Romanesques* et à la *Princesse Lointaine*, ne pouviez-vous pas indiquer (oh! sans pensée de comparaison) seulement indiquer *la Princesse Maleine, Pelléas et Mélisande, les Aveugles* ? Vous nous auriez fait grand plaisir. — Et puis il y a M. de Porto-Riche. Je rougis vraiment de le nommer. Ou je me trompe il est des vôtres, « Comédie nouvelle » au possible, encore qu'on ait pu le définir, avec une justesse charmante, « le plus classique de nos modernes ». Il a fait fortune à l'Odéon, il a triomphé avec Réjane. Si les *Raisons du Cœur* sont ce qu'on annonce, que va faire l'Académie pour s'excuser de M. Lavedan ? Dans le cycle de Dumas à Rostand oublier le *Théâtre d'Amour*, c'est une erreur un peu trop forte qui devra être réparée en quelque édition nouvelle.

Oubli n'est que moitié d'injustice. M. Filon n'oublie pas toujours. Son jugement (?) sur François de Curel m'as mis de fort méchante humeur. Il vient tout au bout du chapitre réservé au Théâtre Libre, assez mal informé, je l'ai dit (où M. Émile

Fabre, entre autres, s'appelle M. Camille Fabre) et paraît tout de même imprévu. Méditez-le, je vous en prie. Quelques lignes d'analyse et d'éloges sur les *Fossiles* et l'*Envers d'une Sainte*, qui « faisaient espérer beaucoup » de leur énigmatique auteur. C'est tout. Vous lisez bien, c'est tout. Le reste, paraît-il, n'est que faux bagage, ou plutôt révèle au critique « les faiblesses et les lacunes d'un talent qui lui fit « illusion ». Parfaite ineptie, l'*Amour brode* : parmi nos jeunes femmes et nos jeunes hommes connaît-on ces broderies-là ? Fable vaine et décevante, l'*Invitée* : « elle part de l'impossible et n'arrive point ». Même *la Figurante* — cette pièce « orchidienne », dont M. Lemaitre, il m'en souvient, faisait naguère ses délices — n'est qu'une fantaisie égrillarde, un badinage fatigant. M. de Curel « n'est pas drôle » : ô Critique, ces coups sont les tiens ! De *la Nouvelle Idole ?* pas un mot. Du *Repas du Lion ?* pas un mot. M. Filon dut les connaître, puisqu'il parle, au cours de son livre, de pièces jouées postérieurement. Alors quoi ? Il préfère ignorer. Cela valait mieux, je l'accorde, que de poursuivre sur le même ton. — Des boutades de ce genre ne se réfutent guère : elles sont plutôt à encadrer. L'œuvre de François de Curel appelle une étude attentive, qui, des lacunes et des faiblesses, dégage les frappantes beautés. Nous essaierons de dire un jour pourquoi celui-ci « est des nôtres », de préférence aux jongleurs habiles qui ne bronchent jamais, pour cause, se bornant aux exercices consacrés. Nous dirons que des chefs-d'œuvre manqués valent mieux que beaucoup de pièces bien faites, qu'il est plus nouveau, s'il est imprudent, de tenter des routes peu frayées et d'essayer du moderne épique que d'accommoder au goût du jour le plat d'adultère national. Nous dirons ces choses et d'autres. En attendant, monsieur Filon, il est dommage que votre lanterne, promenée d'auteur en auteur, n'ait pas reconnu parmi eux un homme. Il est dommage de passer à côté d'une âme, d'un souffle vivant, sans rien sentir. Vous aimez mieux les Vendeurs « de talent », en cette ville où ils sont cohue... Ah ! littérateur que vous êtes !

Voilà pour la comédie, nouvelle ou non. Voilà pour le drame moderne. Ce n'est pas là-dessus, croyez-le bien, que M. Filon nous dit adieu. D'autres horizons le convient. Le titre de son livre l'indique. C'est sur le drame « poétique », sur la « résurrection du vers », que se termine le volume en manière d'apothéose. De cela encore il faut s'expliquer. Dieu me préserve de médire de *Cyrano de Bergerac*, « le chef-d'œuvre de M. Rostand », selon

11.

la formule de M. Gandillot ! Je jure que je n'en ai pas envie, pour cette raison que je m'y plais beaucoup. Ni la douleur d'être avec les snobs, ni la surprise, d'ailleurs joyeuse, de me rencontrer avec M. Sarcey, ni ces trois cents cinquante spectacles qui rappellent la carrière épique de *Miss Helyett* et des *Deux Gosses*, ni tout ce que vous imaginerez, ne me détournera de dire que *Cyrano* est une pièce admirable, copieuse, spirituelle, éloquente, animée au plus haut degré de ce don précieux entre tous : le don du mouvement scénique, du tableau vivant et changeant. *Cyrano* est la fleur parfaite de la fantaisie romantique et de la facture parnassienne. Il est pleinement ce qu'il veut être, il l'est insolemment, il l'est trop. C'est bien la marque du chef-d'œuvre. Vous voyez que j'en parle à mon aise, et je ne rappelle que pour mémoire quelle fortune c'est d'être servi par cet homme unique, cet homme orchestre qu'est notre étonnant Coquelin. En ce cas, il y a rencontre : le rôle le dispute à l'artiste. Ai-je le droit de conclure à présent que *Cyrano*, pour brillant qu'il soit et en raison de cet éclat même, marque l'achèvement d'une ère plutôt que l'éclosion d'un genre ? Chef-d'œuvre, tant que vous voudrez, chef-d'œuvre ! Mais, pour Dieu, ne lui donnez pas la seule louange qu'il usurpe ! N'en

faites pas une arme offensive, une barrière sur la grande route de ceux qui cherchent, sous peine de le voir bousculé par leur élan irrésistible. J'imagine que M. Rostand, s'il prend connaissance de certains éloges, à moins d'en sourire de bonne grâce, doit en être doucement gêné. Il est fort possible d'ailleurs qu'il *veuille être* un jour autre chose et réussisse de même sorte. Mais, jugeant de ce que nous tenons, je dis que cela ne me suffit point et ne me gêne pas davantage, parce que ces châteaux en Espagne sont un beau royaume de rêve qui laisse debout tout entière, à côté de ses décors magiques, la grande et rude Réalité. Or c'est elle, la Réalité, étreinte et fécondée par l'artiste, d'où seulement peut naître l'Art complet, synthèse logique et frémissante, vers qui tendent tous nos désirs. L'effort général de ce temps, les volontés que je vois à l'œuvre, sous la variété des programmes, s'acheminent de ce côté-là. L'avenir dira si je me trompe. M. Filon me comprendra-t-il si j'avoue lui en vouloir à mort d'avoir pu signer cette phrase, digne des colonnes du *Gaulois* : « Le brouillard « du Nord est mis en déroute par cette glorieuse « flambée de soleil provençal qui rend la France à « elle-même... » Et allez donc ! Roulez, tambours !...
Ainsi, nos efforts défaillants pour comprendre et

goûter un Tolstoï, un Ibsen, un Bjornson, un Hauptmann, nos faibles velléités de pensée libre, tout cela est rayé d'un trait de plume? Ce drame de la vie intérieure, ce drame de portée sociale que nous saluâmes avec émotion chez les autres, que nous appelons de tous nos vœux parmi nous, va soudain être mis en fuite par cette épée et cette cape? Le « génie de la France » restera lié au beau geste d'un héros sans cervelle, et, devant les nations sérieuses qui s'inquiètent de sonder leur destin, notre fonction spéciale sera de faire sonner des rimes et d'agiter des oripeaux? Décidément, monsieur Filon, nous ne chaussons pas les mêmes besicles. Il s'agit de poème en théâtre : vous négligez *le Repas du Lion* pour exalter *les Romanesques*. Que direz-vous donc si je confesse que la défaite de *l'Amour brode* me paraît, à moi, préférable au triomphe du *Chemineau* ?

Après tout, vous direz sans doute que mon opinion est impertinente, et d'ailleurs vous importe peu. Mais voilà : d'autres la partagent. J'ose vous dire, monsieur Filon, qu'elle est celle de beaucoup « des jeunes » dont vous vous inquiétez parfois. J'en connais, dont le nom dans vingt ans vous intéressera peut-être, que la poésie passionne et que « la résurrection du vers » laisse tout à fait indifférents.

Ils ne voient dans M. de Bornier, dans M. Coppée, dans M. Silvestre, que les champions quelquefois heureux d'un Romantisme en décadence qui profitent avec usure des rayons de gloire de leurs aînés. S'ils goûtent les poètes de marque, comme Rostand et comme Mendès, en même temps que plusieurs des vainqueurs qui se disputent le boulevard, leur faveur va de préférence à ceux qui, moins heureux jusqu'ici, leur paraissent le plus sincères : et cette faveur est précieuse parce qu'elle ne s'achète pas. Peu soucieux de théories, naturalisme et symbolisme leur semblent des mots surannés. Ils croient sentir que le but du drame est d'exprimer l'homme, tout l'homme, avec ses passions de tout ordre, individuelles, sociales, religieuses... pourquoi pas ? Ils aiment ceux qui, comme Jullien, comme de Curel, comme Mirbeau, comme Hennique, comme Descaves, leur ont fait entrevoir le but. Ils vont à ceux qui, comme Antoine, par delà le Théâtre Libre, formule de toutes parts dépassée, savent comprendre et veulent servir, dans sa marche révolutionnaire, la déconcertante liberté. Que si leur idéal était chimérique, par définition ou faute de génie, si le Théâtre ne pouvait aborder les questions largement humaines qui enfièvrent cette époque troublée, si les planches ne pouvaient porter plus de réalité et plus de songe que n'en admit François Ponsard et que n'en conçoit Lavedan, j'en connais quelques-uns encore qui se détourneraient de cette boutique et chercheraient dans la vie active un meilleur emploi de leurs facultés.

LES MÉDECINS AU THÉATRE

A Eugène Morel.

Les Athéniens, qui aimaient le théâtre mais n'aimaient pas plus que nous-mêmes varier leurs admirations, blâmèrent, dit-on, le poète Euripide de ne pas suivre avec exactitude les traces de ses devanciers, et de leur offrir en spectacle, au lieu des dieux et des héros, l'homme avec ses infirmités. Ils lui firent un grief spécial de se plaire aux faiblesses des femmes et de glorifier en beaux vers la plus redoutable, à savoir l'amour. C'était là, pensaient-ils, affaire intime, bonne à débattre au gynécée, non à passionner, dans les fêtes publiques, une assemblée de citoyens. Prométhée saignant sur son roc, Philoctète pleurant dans son île ne les avaient pas révoltés. Car la douleur de ces victimes était consacrée par la légende, et ennoblie de leur grandeur. Elle avait quelque chose de cosmique, de symbolique et de national. Mais voir les sanglots, les sueurs de Phèdre ou le délire des Bacchantes, voilà qui choquait la décence et semblait indigne du cothurne. Ainsi jugeaient les Athéniens, au moins les vieillards enclins au blâme. Leur avis ne prévalut guère. Euripide eut des successeurs.

Voilà comment l'amour, au théâtre, toléré d'abord comme une exception, devint, sinon la matière unique, au moins le ressort principal du drame. Nos classiques estimèrent toujours qu'il fallait une audace inouïe pour le reléguer au second plan. La comédie moderne en vit. D'aucuns prétendent qu'elle en meurt. Et c'est une armée de barbares, une horde indisciplinée qui, depuis quinze ans environ, ose proposer au public d'autres sujets, d'autres conflits que ceux de l'adultère immémorial.

Le Théâtre social est né. On a transporté sur la scène les problèmes qui enfièvrent la presse. Les gens du monde de Dumas fils, les bourgeois cossus d'Émile Augier ont fait place à des hommes d'action, maires, députés, préfets, patrons, patrons surtout. La grève du quatrième acte est devenue épisode classique. On s'est plu à fouiller les milieux, à noter les tares professionnelles. Ç'a été un des bons résultats du mouvement réaliste au théâtre, ce souci grandissant de la vie sociale. Il paraît acquis désormais. *La Vie Publique*, de M. Émile Fabre est le dernier échantillon, et l'un des meilleurs, de cette conception dramatique.

Un personnage, avec le Patron, partage l'honneur ou l'ennui d'attirer l'attention des faiseurs de pièces : c'est le Médecin. Maint critique, non sans humeur, en a déjà fait la remarque. A y regarder de plus près, on est surpris de la place énorme que tient la docte confrérie dans les œuvres marquantes de ce temps.

Les médecins ou les malades. Car il convient de les associer. C'est une même préoccupation qui fait figurer à la rampe les angoisses physiques de l'homme civilisé et celui qui peut y porter remède. Jetons un coup d'œil sur les pièces qui mettent l'un ou l'autre en jeu.

Ibsen, qui a ouvert toutes les voies, n'a pas oublié celle-ci. L'hérédité d'un mal terrible, la torture injustifiée subie pour le père par l'enfant, c'est le sujet des *Revenants*, la plus sombre tragédie moderne. Ceux qui ont vu, au troisième acte, Antoine s'effondrer sur un fauteuil, la face livide et contractée, dans l'accès de la folie commençante, bégayant : « le soleil.... le soleil... » ont emporté cette vision. La hantise du même problème revient dans *le Petit Eyolf*, victime de l'incurie maternelle. Nous voyons, dans *Hedda Gabler*, la peinture hardie d'une femme dont une grossesse avouée va jusqu'à troubler la raison. Et c'est une question sanitaire, vite agrandie jusqu'au symbole, qui noue l'intrigue de *l'Ennemi du Peuple*. La cordiale figure du docteur Stockmann, le médecin révolutionnaire, est familière au public de *l'Œuvre*. Celui-là, comme dit Lorenzaccio, a conçu une pensée terrible : faire le bonheur de l'humanité.

En Allemagne, Gerhart Hauptmann a consacré sa première pièce : *Avant le lever du soleil*, à peindre les ravages de l'alcoolisme dans un milieu de paysans prussiens. La seconde, *la Fête de la Paix*, étudie une famille de neurasthéniques, aux gestes de pantins détraqués. Et la plus récente, *Michaël Kramer*, nous fait assister à la veillée de mort d'un fils infirme par son père : scène étrange, de troublante beauté.

Chez nous, les romans d'Emile Zola ont fourni aux gens du métier deux tableaux dont l'effet de terreur est grand. Rappelez-vous, dans *Thérèse Raquin*, la vieille femme paralytique essayant de tracer sur la table, devant les coupables anéantis, le nom des assassins de son fils. Rappelez-vous, dans *l'Assommoir*, le *delirium tremens* de Coupeau, auquel Guitry, l'année dernière, prêtait sa mimique savante et sa puissante sobriété.

Mais ce sont nos auteurs nouveaux qui nous offrent le plus d'exemples de curiosités pathologiques. Je ne cite que pour mémoire *Mariage Blanc*, de Jules Lemaitre, où un dilettante fatigué épousait, pour rire, une petite malade qui, en fin de compte, en mourait de chagrin. Aussi *le Partage*, de M. Guinon, où Mme Réjane, au dernier acte, agonisait dans un grand lit de la manière la plus touchante, entre son mari et son amant également désespérés. La maladie, dans ces deux pièces, n'est qu'accidentelle, elle n'est qu'un moyen pour amener le dénouement. Avec *l'Evasion*, de M. Brieux, nous tenons une comédie toute « médicale ». Les Morticoles y sont fort malmenés, tantôt gaiment, tantôt gravement. On voulut même reconnaître dans la figure du Dr Bertry le portrait d'un neurologiste illustre. Il n'en était rien, paraît-il. Mais l'acteur s'y était trompé. — Deux médecins encore dans *les Remplaçantes*, où l'un deux fait sur l'allaitement maternel une conférence si éloquente qu'un spectateur, à la première, demanda tout haut l'affichage. Et la Censure vient de choisir *les Avariés*, du même auteur, pour affermir par un coup de force son autorité chancelante. Elle n'avait pas prévu sans doute la lecture retentissante où Brieux, payant de sa personne, a crânement défendu sa cause. Toute la presse a proclamé l'absurdité d'une interdiction prononcée contre un dramaturge expert, qui est en même temps un grand honnête homme, alors que tant de gaudrioles étalent une impudeur sereine. Et Brieux, qui, habile et fécond, avec une ingéniosité dont on lui fait parfois un crime, et avec un réel courage, dont on ne lui tient pas assez compte, soucieux de varier son répertoire, éprouve tour à tour tous les thèmes susceptibles de capter une foule, a sans peine gagné sa gageure.

Le Bâillon, de MM. le Senne et Mayer, vient, en attendant, de remettre en honneur, sous une forme ingénieuse, la question du secret professionnel. Et nous vîmes deux médecins, le même soir, et une malade, mais d'un genre spécial, dans la joyeuse fantaisie de Véber et Soulié, *la Mariotte*.

Au reste, et c'est obligatoire puisqu'il mène la ronde de l'aveu de tous, c'est chez Antoine que nous relevons la plupart des essais de ce genre. Le médecin et le curé sont les deux rôles familiers d'Antoine. De ces essais, le plus célèbre est *la Nouvelle Idole*, de François de Curel, qui souleva l'enthousiasme. La satire de mœurs, ici, fait place à la tragédie héroïque. Vous connaissez le poignant débat. Faut-il rappeler que *les Fossiles* nous montrent un autre suicide sublime, celui de Robert de Chantemelle, dédié à l'honneur du nom?

Et que d'autres peintures funèbres! C'est l'hôpital de *Sœur Philomène*, où les râles se mêlent aux prières. C'est la sombre eau-forte d'*En Paix*, où s'atrophient des maniaques, où nous vîmes Gémier — jours lointains ! — sous les traits d'un docteur féroce, mener Antoine à la démence. C'est Alleyras, dans *la Clairière*, cherchant parmi les communistes l'oubli des vilenies bourgeoises. C'est le cauchemar de *la Lépreuse* et la fièvre mortelle de *Ton Sang*. C'est *Dans la Nuit*, où un aveugle poursuit à tâtons l'adultère de sa femme et de son ami. C'est *la Dormeuse*, d'André de Lorde, *le Médecin de Campagne*, de Masson Forestier. Et nul n'ignore que Maeterlinck, en ses songeries hallucinantes, aime entre toutes choisir pour Muses la mort et l'infirmité : voir *l'Intruse*, *Intérieur*, *les Aveugles*. Si j'ajoute que j'ai moi-même, en un drame joué l'an dernier(1), tenté de rendre l'agonie morale d'un jeune homme supprimé de la vie et conscient de son état, je crois avoir épuisé les pièces où domine le sage Esculape.

(1) *Sur la foi des Etoiles*, trois actes, (P. V. Stock).

N'est-ce pas un fait curieux, cet étalage impitoyable et frissonnant de nos misères ? D'autant que, sans le moindre doute, il n'est pas destiné à plaire, à flatter le goût du public. Il le choque souvent, au contraire. Toutes ces exhibitions lugubres, ces plaintes, ces ombres taciturnes ne sont pas sans troubler quelque peu la digestion des gens paisibles qui veulent égayer leur soirée. La foule, d'instinct, se méfie des pièces où passe la douleur physique. Si elle en subit parfois l'étreinte, c'est à contre-cœur et en rechignant. Et comme cette méfiance, infailliblement, se traduit par une baisse des recettes, le châtiment est immédiat : la pièce disparaît de l'affiche. Cependant les auteurs récidivent. N'est-ce pas un duel singulier ?

Il me semble, pour ma part, qu'il y a là une évolution naturelle du drame, qui résume, en les accentuant, les traits indécis d'une époque. Voyez plutôt ce qui précéda. Le théâtre antique était plein d'horreur, de spectres, de meurtres, de sang. La peste, l'invasion, le parricide étaient la pâture de ces Hellènes qui connurent, nous dit-on au collège, l'enfance heureuse de l'humanité. Le fracas des batailles, les éclairs du glaive emplissent l'épopée de Shakespeare. Pour en goûter la splendeur barbare, nous sommes obligés, çà et là, d'émonder telle scène trop forte pour nos nerfs de civilisés. Nous n'aimerions pas, par exemple, voir un héros, de ses doigts, crever les yeux de son adversaire et les secouer sur le sol avec ces mots: « Sale gelée ! » Les contemporains du grand Will ne s'étonnaient pas pour si peu. C'est que l'histoire de l'époque leur offrait des traits analogues. Aujourd'hui l'homme a vaincu les monstres dont nos pères peuplaient la nature. Les guerres sont rares et lointaines. Nos violences se dépensent en paroles, en mimique, en imprimerie. Nos vrais maux sont silencieux, intimes. Nos grandes luttes, en des chambres closes, ont lieu contre les corpuscules qui menacent notre organisme. L'équilibre de la vie cérébrale, forme actuelle de l'énergie, la sécurité de l'amour, et donc l'avenir de la race, dépendent de ces luttes mystérieuses. Étonnez-vous que les dramaturges y puisent des motifs tragiques, comme ils font pour les luttes sociales, la question d'argent, toutes les plaies dont s'avive notre existence ! Ils obéissent à la loi qui les pousse à doubler notre joie ou à soulager notre peine en en faisant l'émouvant objet de spectacles imaginaires. Car l'homme éprouve un plaisir étrange à se dédoubler en esprit.

C'est ainsi que le Médecin, grotesque bafoué

par Molière (qui, pourtant malade lui-même, prenait contre les Diafoirus la royale revanche du rire), revêt un caractère auguste, poétique et presque sacré Il attire le respect, la crainte, la haine même, rarement la gaieté. Il faudrait Georges Courteline pour le flageller de la sorte. Mais Courteline se contente des magistrats et des militaires. Nous prenons désormais au sérieux la guenille chère à Chrysale et n'entendons plus qu'on s'en moque. Le Médecin, c'est notre allié contre l'ennemi insaisissable en qui l'œil géant des microscopes a découvert des légions. Cet homme qui, en nous tâtant le pouls, en mettant l'oreille sur notre poitrine, mesure notre force vitale, nous emplit d'une admiration inquiète et quelque peu superstitieuse. Il détient lui seul, songez donc, un peu de l'inconnu du destin. Lui seul peut ouvrir quelquefois ce que Victor Hugo appelle « la froide main de l'avenir ». Dans le crépuscule des dieux où le Prêtre perd son prestige, le Médecin, pionnier de la science humaine, grandit peu à peu chaque jour. Il est en vérité l'augure auquel, Œdipes lamentables, nous avons recours dans l'épreuve. Qui sait où ira sa puissance ? Puisque, dépassant les maux du corps, voici qu'à présent ils prétendent exorciser ceux de l'esprit... La pauvre humanité dolente qui s'obstine, au plus fort des maux, en son rêve de bonheur terrestre, met le meilleur de son espoir, pour réaliser ce beau rêve, en ceux qui pansent ses blessures. Faust est devenu médecin.

Je ne crois donc pas qu'il faille voir, dans la tendance de l'art dramatique à scruter toutes les énigmes, même les plus tristes, les plus morbides, un signe de décadence quelconque, mais une antique nécessité. Est-ce à dire que la tragédie doive se complaire à nos tortures et que l'odeur des pharmacies lui soit un ragoût indispensable ? Très loin de là, bien entendu. Toute épreuve visible, corporelle, ne peut être, surtout à la scène, qu'un élément d'art exceptionnel. Elle ne peut servir qu'à rehausser, de ses couleurs plus violentes, la trame subtile, toujours neuve, des infinies souffrances morales. Je n'ai voulu revendiquer pour le poète dramatique que le droit d'en faire quelquefois usage, à la condition de transformer cette obscure matière de vie en pure substance de beauté. Tel Rodin, le génial ouvrier qui figure sur sa porte infernale le poème des souffrances modernes, a cloué tout en haut la douleur physique sous la forme d'un chef convulsé.

Un jour l'humanité, sans doute, répudiera ces

visions atroces. Les ténèbres de l'enfer terrestre s'éclaireront d'une aube édénique. Et les poètes en leurs drames, comme les sculpteurs en leur argile, diront la joie et la lumière qu'ils verront resplendir autour d'eux. En attendant ils font leur œuvre en s'associant à nos misères. Notre Baudelaire l'a dit, lui, le peintre des *Fleurs du Mal*, l'amateur de toutes nos tares, en des vers qui sont son excuse et celle, en même temps, de bien d'autres :

> Car c'est vraiment, Seigneur, le meilleur témoignage
> Que nous puissions donner de notre dignité
> Que cet ardent sanglot qui roule d'âge en âge
> Et vient mourir au bord de votre éternité !

DÉCADENCE

A Georges Bourdon.

Je viens de lire *Décadence*, comédie en quatre actes, de M. Albert Guinon, interdite par la censure parisienne « dans l'intérêt de la tranquillité publique ». L'auteur proteste contre cette mesure en quelques lignes de préface d'une insolence mesurée, et j'estime qu'il a raison. On ne saurait se lasser de le dire : la liberté d'écrire n'est qu'un mot si l'on n'en jouit au théâtre comme dans la presse ou le livre. Notez que, de ces trois moyens d'expression, le théâtre est le plus inoffensif, car le souci d'art lui impose une réserve qu'il ne peut oublier sous peine du pire châtiment : l'ennui. Que si une pièce provoque du scandale, l'émeute, le trouble dans les rues, la police peut intervenir. Evénement bien invraisemblable. Mais ce n'est pas au moment où des feuilles cyniques infectent le pays entier, au moment où se débitent à la tribune les violences les plus inélégantes, qu'on a le droit d'empêcher un écrivain de faire mouvoir des acteurs sur la scène du Vaudeville. J'excepte, bien entendu, les cas de pornographie pure et simple. Mais, pourvu que le drame soit « d'un certain ordre », et c'est le cas ici, la thèse ne fait rien à l'affaire. On a eu tort d'interdire *Décadence*, pièce soi-disant antisémite, comme on a eu tort d'interdire, au Théâtre Antoine, *Ces Messieurs*, de Georges Ancey, pièce soi disant anticléricale. Si, d'ailleurs, la censure jouit chez nous d'une suprématie à peine molestée de quelques plaisanteries faciles, la faute en est aux auteurs dramatiques, qui, grands enfants, ne savent pas s'entendre pour faire respecter leurs droits.

Toujours est-il que M. Guinon — auteur de talent, applaudi déjà — en appelle au public par le livre. Nous pouvons ici le juger. Voici, brièvement contée, l'intrigue de cette œuvre « dangereuse ».

Premier acte. Chez le duc de Barfleur, chef d'une grande famille aristocratique. Quelques scènes rapides nous montrent le duc aux abois, ruiné par des fantaisies coûteuses, Enguerrand, son fils, hercule stupide que hantent les exploits du cirque, Jeannine, sa fille, espiègle et frondeuse, vaguement éprise d'un beau garçon, Chérancé, ami de son frère, « décavé » lui aussi par la grande vie.

Surviennent deux aventuriers, les Strohmann, juifs, banquiers, d'origine douteuse, colossalement riches bien entendu. Le père, Abraham, ayant la fortune, rêve la considération. Le fils, Nathan, aime Jeannine, d'un amour violent qui le rend prodigue. Il a racheté en sous-main toutes les créances sur le duc de Barfleur, qui lui doit de ce chef deux millions. Il offre de rendre les billets contre la main de la jeune fille. Celle-ci, consultée, accepte, après un duo avec Chérancé. Ce premier acte, le meilleur, est plein de brio, de traits drôles, et les caractères sont nettement posés.

Deuxième acte. Chez Nathan Strohmann, marié depuis un an avec Jeannine. Celle-ci s'affiche avec Chérancé, par bravade, car rien ne s'est passé entre eux. Elle crible sa belle-famille de traits aigus, à la grande joie d'une galerie titrée qui se console ainsi de ses déboires. Cependant, les invités partis, Mme Strohmann, une juive pur-sang qui ne peut pas souffrir sa bru, provoque une explication maladroite entre celle-ci et Nathan. Jeannine a facilement le dessus et quitte son mari sur un mot de défi.

Troisième acte. Au cirque Molier. Sur l'affiche les plus grands noms de France. « La foire du trône », dit Mme Strohmann. Acte rempli d'épisodes quelconques, qui se termine sur une grande scène entre Jeannine et Chérancé, où ils s'avouent leur amour réciproque et se promettent un rendez-vous. Nathan Strohmann n'arrive là que pour faiblir devant Chérancé, obtenir de sa femme l'aveu total, vouloir la frapper, puis la retenir, et la voir sortir avec stupeur.

Quatrième acte. Chez de Chérancé, dont Jeannine est la maîtresse. Ils forment des projets de départ, de séjour sur la Côte d'Azur. Entre le domestique, qui remet une carte. C'est Nathan Strohmann. Jeannine le reçoit. Echange d'atrocités diverses. Mais le juif ignoble a l'argent. De Chérancé est pauvre. Les Barfleur aussi. Que faire? Jeannine embrasse un bouquet et le dépose sur une table. « Mon corps, dit-elle, est prêt à vous suivre. » Et elle sort avec Nathan Strohmann.

Telle est la pièce. Où est la thèse? Si vous l'avez mal perçue, ce n'est pas la faute de cette analyse, qui est scrupuleusement fidèle. L'auteur a-t-il voulu nous montrer la France agonisante aux mains des grands juifs cosmopolites? Mais la France, ici, n'est représentée que par une noblesse crapuleuse et vile, spirituelle et cynique. Satire impartiale s'il en fut. Il n'y a que des coquins dans cette histoire, avec un dialogue plus ou moins soigné. Le Chérancé, s'il a un bon tailleur et s'il tire bien à l'épée, est-il supérieur à Nathan Strohmann, nature énergique et basse ? Non, non, tous ces gens-là se valent. Cette société en pourriture appelle d'elle-même les oiseaux de proie dont l'utile fonction est de la dévorer. L'auteur semble l'admettre lui-même, qui fait dire à Jeannine et Strohmann : « Nous sommes du même bateau. » — « En attendant la même charrette. » Et ailleurs, à la même Jeannine : « On a les juifs qu'on mérite. » Ah ! vous ne les méritez pas plus beaux !

Alors ? Alors *Décadence* pourrait être simplement le tableau d'un coin de Paris décomposé, la peinture d'une classe en train de disparaître, quelque chose comme un pendant aux *Fossiles* de M. de Curel; ou au *Prince d'Aurec* de M. Lavedan. Et le bruit fait autour de la pièce serait en ce cas injustifié. C'est cela, mais autre chose encore. L'intention vraie de l'auteur se montre au cours d'une scène épisodique où il met dans la bouche de ses nobles un réquisitoire violent contre la puissance israélite. Ceci est le morceau de bravoure qu'il faut bien croire essentiel, car sinon ce serait un hors-d'œuvre tout à fait inutile à l'action, et M. Guinon est trop avisé pour se permettre un pareil luxe. Morceau d'ailleurs assez banal. Les divers clichés qui ont cours dans les journaux antisémites y sont repris en meilleur style. Ce n'est pas encore fameux. Vraiment, M. Guinon donne là l'exemple de l'erreur où des soucis extra-littéraires peuvent induire un homme de talent. Il a oublié que la première qualité d'un auteur dramatique est d'être, avant tout, impartial. Au lieu de laisser parler ses personnages, il est intervenu lui-même, et par là justement a trahi son ambition de polémiste. Il voulait flétrir une race ? Il fallait donc l'incarner entière en un type criant de vérité qui nous forçât à le prendre en haine. Shakespeare a montré le chemin... Mais des traits de caricature sur une intrigue plutôt médiocre ne suffisent pas à ce grand dessein. Et qu'ensuite l'auteur exhale ses rancunes par le moyen de divers comparses, fût-ce même avec éloquence, cela, qui ne sort pas de l'œuvre, nous est, en somme, indifférent.

Il n'y aurait que demi-mal encore, et je pardonnerais à M. Guinon s'il n'avais mis dans une belle comédie qu'une tirade au moins superflue. Ce n'est pas la thèse manquée que je regrette — une bonne pièce s'en passe à merveille — c'est surtout l'œuvre d'art compromise à chaque instant, dans celle-ci, on sent trop qu'un souci unique a fait dévier l'observateur dans le sens d'une satire partiale, amusante, mais superficielle, et tellement plus faible que la vérité ! C'est dommage, car il avait mis la main sur un sujet exceptionnel, et, loin de le chicaner sur son choix, je l'en féliciterais plutôt. Il y a des Strohmann de par le monde. Nous le savons, parbleu, bien assez, et la France a senti les griffes d'un certain Cornelius Herz. C'est le droit d'un auteur dramatique de prendre ses modèles où il l'entend. Mais si, ayant choisi cette figure de haut bandit des temps modernes, M. Guinon avait su en extraire toute la puissante humanité ! S'il l'avait fouillé, admiré, aimé, dans ses tares et dans ses hideurs, au lieu de prendre un plaisir hostile à le dessiner ridicule ! S'il avait mis au cœur du fauve un sentiment vrai pour la marionnette dont l'élégance native l'affole, au lieu d'une tendresse veule et bavarde ! Quel drame nous aurions pu avoir, fût-il ou non antisémite !... Et ne dites pas que j'en fais un à ma guise, tentation toujours commode. Non, l'ombre de ce drame-là, M. Guinon l'a fait entrevoir, il s'y est efforcé lui-même, certains détails me l'attestent, mais il a eu la vue troublée par ses préjugés et son parti-pris, il n'a pas apporté à sa tâche la faculté la plus nécessaire pour un bon ouvrier d'art, une naïve, une absolue, une abrupte sincérité.

Voilà le vrai, le grand reproche que je fais à cette comédie, d'un tour et d'un accent si vifs, et qui d'ailleurs n'ennuie jamais. Elle s'attaque à une matière trop vaste, et qui demandait un chef-d'œuvre. Elle nous donne une légère peinture de genre, en évoquant mieux par endroits. Si jamais un grand dramaturge — il y en a trois ou quatre en Europe — reprend le thème ainsi ébauché et crée le drame que celui-ci indique, je gagerais que nulle Censure ne prendra sur elle de l'interdire et que, sans faire œuvre de haine, il nous donnera le Shylock moderne oublié par notre Balzac.

LE THÉATRE DU PEUPLE

A Octave Mirbeau.

Un peu partout, en ce moment, on parle d'un Théâtre du Peuple. M. Octave Mirbeau, M. Camille de Sainte-Croix en entretiennent le public de feuilles mondaines ou démocratiques. M. Georges Bourdon, dans la *Revue Bleue*, lui consacre une série d'études très intéressantes, très serrées. Si M. Mendès n'était absorbé par les aventures de *Sainte-Thérèse*, gageons qu'il romprait une lance en faveur d'un projet qui lui fut cher. Enfin M. Maurice Couyba, rapporteur du budget des beaux-arts, vient de développer devant une Chambre attentive — peut-être légèrement sceptique ? — le plan d'un nouveau Théâtre Libre (subventionné, s'il vous plaît !) qui fonctionnerait au Chatelet pour la plus grande gloire de la République et la plus grande joie des poètes. Le ministre en personne, M. Leygues, s'est déclaré partisan, *en principe*, de cette création mirifique, tout en faisant « les plus expresses réserves ». Ce n'est pas là, évidemment, la subvention immédiate. Mais c'est un indice des temps — le signe que le ministre, à l'occasion, subirait une douce violence. Voilà de quoi enflammer les cœurs.

Je me souviens, non sans fierté, que ce grelot fut attaché, il n'y a pas très longtemps de cela, par la jeune *Revue d'Art dramatique*, à la rédaction de laquelle je collaborais avec des amis. Il nous vint un jour à l'esprit, après mille discussions fiévreuses — on se passionne encore, je vous assure, parmi la jeunesse française — de fonder un prix en l'honneur du meilleur mémoire qui nous parviendrait sur cette question du Théâtre du Peuple, et de réunir un jury qui jugerait ce concours littéraire et se préoccuperait aussi d'assurer le succès de l'entreprise.

Ce jury, le 5 décembre 1899, fut composé comme suit : MM. Henry Bauer, Lucien Besnard, Maurice Bouchor, Georges Bourdon, Lucien Descaves, Robert de Flers, Anatole France, Gustave Geffroy,

Louis Lumet, Octave Mirbeau, Maurice Pottecher, Romain Rolland, Camille de Sainte-Croix, Édouard Schuré, Gabriel Trarieux, Jean Vignaud, Émile Zola. Ces noms n'étaient pas, comme il arrive, une pure façade honorifique. Nos aînés nous firent l'honneur d'être assidus à nos séances. Beaucoup d'éloquence y fut dépensée. Les mémoires bientôt affluèrent, plusieurs très curieux, pleins d'idées. Trois d'entre eux furent couronnés. Je ne puis les commenter ici. Parmi des vues un peu utopiques, ils présentaient des solutions ingénieuses et frappantes. Un jour, s'il faut passer à l'acte, on ne pourra les négliger.

Passer à l'acte! Nous y pensions. Un instant même nos ardeurs purent se payer d'un mirage. D'abord quelques-uns d'entre nous conçurent la pensée hiérarchique et j'oserai dire bien française de s'aller ouvrir au ministre. M. Leygues — c'était lui déjà — M. Leygues, toujours aimable, nous reçut avec cette bonne grâce par quoi il séduit tour à tour les politiciens, les gens de lettres et les acteurs du Théâtre-Français. Octave Mirbeau, en phrases pittoresques, lui exposa notre grand projet. Il voulut bien y applaudir, nous assurer de sa sympathie, bien mieux, de son actif concours. Et il délégua M. Adrien Bernheim, commissaire du gouvernement près des scènes subventionnées, pour suivre de près nos travaux.

⁂

Hélas ! de si riantes promesses n'ont laissé que fumée dans l'air vide. Ce n'est pas la faute de M. Bernheim. Ce fonctionnaire affable et pratique montra les meilleures dispositions. Ce n'est pas la faute du comité. Il fut énergique, obstiné même. Mais des difficultés sans nombre apparurent au premier contact. Nous éprouvâmes qu'il n'est pas facile, quand on prie le roi à sa table, de garder un morceau pour soi. Les ferveurs de l'initiative privée s'accommodent mal, décidément, des protections souveraines. Malheureusement, pour s'en passer, il faudrait émouvoir un Vanderbilt. Faute de quoi on n'arrive à rien, même après le plus beau départ. Telle fut notre déconvenue.

Il va sans dire qu'entre temps nous frappâmes aussi à la porte du conseil municipal de Paris. Je fus parmi les délégués que des fiacres acheminèrent par des quartiers problématiques, en ces heures de propagande, vers nos édiles en renom. Je me rappelle encore « leurs figures ». C'étaient John Labusquière au verbe sonore, Lucipia au regard éteint. Ces messieurs, comme dans la chanson, nous recevaient d'une façon charmante. Ils étaient d'accord avec nous, parbleu! Un théâtre du peuple, quelle fière idée! D'autant que M⁰ᵉ Sarah Bernhardt, leur hôte, n'arrivait jamais à payer son terme. Et puis est-ce avec des vers de Rostand qu'on enseigne l'héroïsme aux foules? Enfin, nous venions juste à point. Seulement, à serrer de plus près les choses, le Conseil nous offrait ses édifices à des tarifs inabordables. Pour ses terrains, même comédie. Il nous aurait écorchés tout vifs. Les pourparlers n'eurent pas de suite. Et ceux qui nous jouaient ainsi, c'étaient des amis, des socialistes! Je vous laisse à penser l'accueil que nous feraient les maîtres du jour.

Voilà comment notre montagne accoucha tout juste d'une souris. Je constate aujourd'hui, avec plaisir, que les courages de mes compagnons reverdissent avec le printemps, que les rapporteurs du budget ont pour notre rêve éconduit des tendresses inattendues, que le ministre sourit encore. Mais je ne saurais, à part moi, me défendre d'une pointe de scepticisme. J'ai le tort d'avoir vécu cette histoire. Et j'ai peur qu'un nouvel enthousiasme n'ait un épilogue ironique.

⁂

Je n'entends pas dire que l'idée ait cessé de me paraître admirable. En principe, chacun en conviendra : nos théâtres parisiens s'adressent surtout à une frivole clientèle mondaine. Le peuple ne peut qu'être étranger aux intrigues d'un art plus ou moins factice, produit d'un milieu artificiel. Et il y a mieux à lui offrir, pourtant, que le pain noir du mélodrame. Nos universités populaires, avec des moyens très modestes, ont commencé cette œuvre efficace, profondément démocratique, de rendre la beauté sensible à tous. Il est naturel, il est nécessaire qu'un théâtre achève l'effort ébauché par des causeries et des lectures, leur substituant l'exemple émouvant d'un spectacle et d'une action. A ce jeu, nos artistes même gagneront l'épreuve féconde d'un public plus large et plus simple, qui leur permettra sans nul doute de se renouveler, de s'essayer en des directions imprévues. Mais il ne faut pas se payer de mots. Il faut que les initiateurs de ce mouvement difficile aient une conscience bien nette des obstacles qu'ils auront à surmonter, des moyens qu'ils veulent choisir. Il importe notamment, une fois pour toutes, qu'ils décident entre deux systèmes : l'appel aux pouvoirs publics ou le libre essai de citoyens libres. De tout cela notre comité n'avait pas une notion assez claire. Et par là il mérite son échec. J'en fais ici mon *mea culpa*.

Il est une autre confusion, plus fâcheuse encore et non moins fréquente, indispensable à élucider. Ceux qui prônent un Théâtre du Peuple le font en général pour deux motifs tout à fait divers, opposés même, alors qu'ils croient être entièrement d'accord. Les uns y voient l'intérêt du théâtre, les autres le profit du peuple. Les uns rêvent une renaissance artistique, les autres une renaissance sociale. J'avouais tout à l'heure que l'une et l'autre ont d'étroites relations. Sans doute. Ce sont tout de même choses fort distinctes. Il faut savoir celle qu'on désire, celle au moins par quoi on veut commencer.

Or, il m'apparaît indiscutable qu'un projet de Théâtre du Peuple est avant tout une œuvre sociale. Il s'agit de mettre la foule en contact avec les génies de tous les siècles avant de lui offrir un art nouveau. Non que ce dernier, évidemment, puisse être banni du répertoire ; mais il n'y peut jouer qu'un rôle d'avant-garde et d'exception.

Cette pensée doit calmer les jeunes gens échauffés d'un beau zèle esthétique qui souhaiteraient pour leurs expériences une salle officielle et le grand public. S'ils ont dans le crâne un chef-d'œuvre, qu'ils se hâtent de le montrer. Il y a fort à parier que les bourgeois eux-mêmes, oui, les philistins du boulevard, ne manqueront pas de l'applaudir. Nihilistes et jouisseurs, ceux-là ont au moins cette vertu négative : l'absence totale de parti-pris. Ils montrent assez, les pauvres gens, par leur patience à toute épreuve, leur seule envie : rire, être émus. Ils acclameraient un frisson nouveau. Rien ne dit que le peuple, au contraire, plus sain mais plus lent à comprendre, dont l'éducation reste à faire, ne bâillerait pas devant le prodige à quoi rien ne l'eût préparé.

En un mot, chaque chose à sa place. Les fervents d'action civique ont, en France et à l'étranger, un vaste et glorieux patrimoine où ils peuvent puiser d'abord. L'art doit élaborer en silence, dans une méditation profonde, l'œuvre d'amour et de beauté. Que si cette œuvre, une fois éclose, ne peut s'adapter au système actuel, il sera temps d'en construire un autre. Mais ne rêvons pas l'édifice avant de savoir qui doit y loger. C'est la fonction qui crée l'organe, non l'organe qui crée la fonction. L'exemple de Richard Wagner, qui a troublé tant de cervelles, est là justement pour le prouver. Méfions-nous d'être les grenouilles qui voudraient, chétives personnes, imiter ce bœuf monstrueux.

Je crois que le Théâtre du Peuple, délivré de ces ambitions qui en compromettent l'essor, aura chance de naître et de vivre. A dire toute ma pensée, je vois la plupart des circonstances favorables à l'entreprise. Mais ce ne sont ni des ministres, ni des députés, ni des auteurs, ni des journalistes, ni des comités qui jamais la mèneront à bien. Ce sera l'homme résolu qui se mettra seul à la besogne sans demander la permission, et, selon le terme énergique acceptable en telle matière, y osera « risquer sa peau ».

LES FÊTES D'ORANGE

A M. E. d'Harcourt,
En souvenir d'une rencontre à Orange

Si jamais vous allez à Orange, levez-vous d'assez grand matin pour prendre à Lyon le bateau du Rhône, un samedi ou un mercredi. Vous ne regretterez pas votre peine. L'Elbe, le Rhin ni le Danube, en leurs parcours les plus vantés, n'offrent plus belle succession de sites charmants et pittoresques. Montagnes, plaines, îles verdissantes, villages antiques groupés sous l'aile de manoirs plus ou moins ruinés alternent sur ces rives bénies. La flore peu à peu se transforme; aux longues files de peupliers succèdent le mûrier, l'olivier d'argent, annonciateurs des pays heureux. Et, dès Valence, une lumière nouvelle, la lumière de Provence et d'Italie, anime, réchauffe et transfigure le paysage d'azur et d'or. Escorté de clairs affluents, le fleuve aussi devient plus large. Il prend des allures de roi.

Tel il se développe lentement vers Avignon, la cité des Papes. Tel nous le descendîmes tout un jour, glorieux comme des Argonautes, avec le frisson instinctif des barbares grisés de soleil, nous autres gens du Nord accourus vers l'éveil des beautés antiques. Nous le quittâmes à Montfaucon, petite station misérable où l'on se bat pour les voitures, et tant bien que mal, cahotés par une guimbarde surchargée, nous franchîmes nos six kilomètres, à l'heure où le soleil couchant caresse la campagne poudreuse, les crêtes bleues et les maisons roses d'une agonisante clarté.

A Orange, séparations brusques des amitiés éphémères. Chacun, dans la nuit survenue, de courir vers un gîte improbable. On eût dit, en grandes manœuvres, un village pris d'assaut par les troupes. Enfin, après un dîner hâtif dans un hangar pavoisé de neuf, c'est, en foule, l'entrée au théâtre.

Le théâtre ! On ne voit, du dehors, qu'une immense muraille terrible, percée de meurtrières symétriques, debout, massive dans la nuit. On entre là dedans par une chausse-trappe, à la très douteuse clarté de torchères d'acétylène, qui empestent, il faut bien le dire. Et l'on a devant soi le vaste cirque, étagé en gradins de pierre couronnés là-haut de verdure, où se presse déjà, houleuse, obscure, confuse et multiforme, la foule, pareille à un élément. C'est une impression formidable. Des gradins, une fois assis, on fait face, de l'autre côté, à la muraille primitive, toute rongée des lèpres du temps : et là, au centre, bâillante et creuse comme la bouche d'un masque aphone, s'ouvre la porte gigantesque d'où s'exhaleront tout à l'heure les syllabes d'humanité. Instant tragique, où l'on espère une évocation impossible! Sera-ce un héros ou un chien, les Immortels ou les Erynnies qui vont oser sortir de l'ombre tels qu'ils surgirent autrefois? Et là-haut, sur les ruines farouches, spectatrices de nos spectacles, veillent les éternelles étoiles qui virent, en ces mêmes arènes, se presser un peuple disparu...

Hélas! il fallut en rabattre. Ce n'est la faute de personne si le décor, en pareil cas, sembla plus beau que le drame lui-même, si une attente trop sublime me fit, quant à moi, préférer le silence d'avant aux paroles d'ensuite. Mais enfin, il y eut déception grande. Passons sur la comédie de Plaute, vraiment déplacée en ce cadre, et qui serait d'ailleurs excellente figure sur les planches de quelque Odéon. L'*Alceste*, traduit d'Euripide, était certes un choix convenable, sauf que les adaptations en vers déforment, à mon sens, la tragédie grecque qu'elles font ressembler bon gré mal gré à un de nos drames romantiques. Celle de M. Georges Rivollet n'était pas plus mauvaise qu'une autre, « digne de la Comédie-Française » j'y souscris très volontiers, mais j'attendais précisément un accent, un frisson inconnu que je n'eusse point éprouvé déjà dans la « vénérable maison ». Après tout, sensation personnelle, que le public, en toute justice, ne sembla nullement partager. Il fit une ovation triomphale à la pièce et aux interprètes, Albert Lambert, Wanda de Bonzca, saisissante de beauté sombre, surtout Paul Mounet, superbe Héraklès sous l'horreur de la peau néméenne, qui seul, un instant, fit passer en nous, dans son invocation aux astres, l'émoi d'héroïsme attendu.

Je me trompe. Il y eut un moment, une heure d'oubli et d'extase. Ce fut le lendemain soir, une soirée plus sereine, où le mistral laissait immobiles les lumières et les feuillages, lorsque la grande voix de Gluck s'éleva sur le cirque charmé, et que la musique polyphone interpréta de ses harmonies le touchant poème hellénique. Lorsque Iphigénie (Mlle Hatto), toute blanche, s'accrochant aux murailles, parut au seuil de la porte d'ombre, sa draperie agitée d'un souffle accusant la beauté de la femme, levant son bras désespéré pour l'apostrophe douloureuse, on eût dit l'âme de la Grèce tout à coup vivante en ces ruines, et le même élan d'enthousiasme souleva d'une longue clameur les huit mille spectateurs assemblés.

De telles minutes valent un voyage. Et en vérité je n'écris ces lignes que pour engager à le faire ceux qui par hasard les liront. On dit l'entreprise chancelante, et je sais les difficultés de tout ordre que dut vaincre, pour nous offrir ces fêtes, le vaillant félibre Mariéton. Or il ne faut pas qu'elles meurent. Il ne faut pas qu'une pareille occasion de beauté et de joie collective se perde par mauvais vouloir ou seulement par incurie. A défaut de l'Etat qui boude, il importe que le public veuille, et, afin de vouloir, qu'il sache. Il importe aussi que les promoteurs de ce noble effort artistique aient de son but une claire conscience qui semble leur manquer encore. Nous avons un monument, soit. Encore sied-il de savoir qu'y mettre. On a tôt fait de dire « Bayreuth français », entretenant par ces deux mots une illusion un peu naïve. Bayreuth est né de la vie d'un homme : ce temple a été bâti pour une œuvre. Ici c'est l'inverse qui a lieu. N'oublions pas que les Romains, qui furent en somme les architectes de ces arènes colossales,

n'eurent pas de littérature dramatique. Ils vivaient
du trésor hellène, ce qui ne nous est plus possible.
Au rebours, le plus grand créateur de nos temps
modernes, Shakespeare, n'a pas marqué la place
où s'élevèrent ses tréteaux. Il ne faut donc pas se
hâter de croire que cette sublime scène d'Orange
puisse, par sa seule vertu, susciter des prodiges littéraires. Certes, elle peut provoquer quelque temps
des résurrections émouvantes qu'on ne saurait trop
applaudir. Mais, pour que ces fêtes soient durables,
elles doivent être vivifiées par l'effort de poètes
nouveaux qui travaillent pour elles. Poètes ? Musiciens ? Qu'importe ! L'avenir dira l'œuvre viable.
Il y a là, par l'ampleur du public, le plein air, le
décor immuable, une féconde école de drame. Au
travail ceux qu'elle n'effraie point ! Et que les autres
viennent applaudir. Allons à Orange nous confronter avec la grandeur du songe antique. Nous
en reviendrons mieux armés pour ouvrir à la Tragédie moderne des perspectives imprévues!

AUDITIONS

A André Antoine.

Une salle de théâtre, l'après-midi. J'y suis entré à pas de loup, par de mystérieux dédales, ayant donné le mot de passe au cerbère qui garde le seuil, tout le monde n'ayant pas en poche un gâteau de miel, comme Virgile. Et d'abord mes yeux, encore éblouis de la pâle clarté solaire où s'agitent dehors les vivants, discernent mal ce séjour des ombres. Pas de lumière sur la scène. La salle, toutes girandoles éteintes, paraît plus vaste et plus imposante en cette atmosphère de nuit où scintillent vaguement les dorures. Les fauteuils sont couverts de housses grises. Là-haut, aux deuxièmes galeries, une ouvreuse invisible et muette erre avec une lanterne sourde. Dans un coin, sur un escabeau, un homme coiffé d'une casquette est assis, des cahiers à la main, près d'une veilleuse électrique. C'est le souffleur. Il paraît dormir. Et je n'entends pas le murmure familier de voix hésitantes qui récitent. On ne répète donc pas, ici?

⁂

Des gens cependant, çà et là, égrenés aux rangs de l'orchestre, semblent attendre quelque chose. Ils fument. Je vois remuer le point rouge des cigarettes. Ils chuchotent parfois à voix basse. Et voici que je reconnais, dans l'ombre embrumée, des visages. Il y a là le directeur du théâtre, le régisseur, un journaliste, un auteur triste, un auteur gai. Un peu à l'écart, quelques actrices, figures fines aux yeux fébriles, frileuses dans leur col de fourrure. Je serre des mains à la ronde. On échange ce « Bonjour, mon vieux! » salut consacré des coulisses, qui exprime de vraies cordialités ou pare des rancunes féroces. Je demande : « Qu'est-ce qui se passe? » On me répond : « Des auditions. » Et je soulève un coin de housse, je m'assieds sur un strapontin, j'attends en silence avec les autres.

Peu à peu on se met à causer. En un clin d'œil nous avons jugé les premières de la semaine, dont pas une ne fera le sou, c'est bien juste, nous avons décrété la date de deux faillites imminentes, nous avons nommé le remplaçant d'Henry Fouquier au

Figaro, nous avons résolu — de cinq façons — la question de la Comédie-Française : la première supprimant le répertoire ; la seconde supprimant les pièces modernes ; la troisième supprimant l'administrateur ; la quatrième supprimant le Comité ; la cinquième supprimant la subvention. Si seulement le ministre était là ! Et l'auteur gai de nous conter comme quoi il a fait interdir *le Cid* par un de nos censeurs les plus amènes en lui demandant : « Que pensez-vous d'une pièce où un Monsieur « jeune tue un vieux Monsieur dont ensuite il épouse « la fille ? » Le censeur a dit : « Révoltant ! » L'auteur triste esquisse un sourire.

..

Brusquement on donne la rampe. La scène poussiéreuse s'éclaire, plus vaste elle aussi, sans décor, encombrée de portants, de vieux meubles, de tout un attirail fantastique. Une toile de fond, mi-déroulée, représente une plaine déserte semée de vastes meules d'or. C'est un paysage de Beauce, pour *la Terre* d'Emile Zola qui doit passer avant longtemps. Le souffleur se frotte les yeux, se secoue, soulève sa casquette. Il rêvait qu'il manquait une réplique. Il reprend son somme interrompu

Là-bas, par une petite porte, entrent une jeune femme et un jeune homme. Ils ont l'air très intimidés, s'avancent gauchement vers la rampe. La dame s'assied sur une chaise de paille. Le jeune homme se promène avec fièvre et se frappe le front d'un geste indigné. Qu'est-ce qu'ils récitent donc? Je connais cela. Parbleu! c'est une scène du *Demi-Monde* de Dumas fils, tout simplement. C'est curieux, dans la bouche de Worms et de Mlle Marsy, cela prenait une autre allure. Autour de moi, dans la pénombre, des réflexions à mi-voix s'échangent : « Est-ce « assez toc, ce Dumas fils! Dire qu'on nous encom- « bre avec ça depuis bientôt un demi-siècle! Et Bec- « que est mort de rage et de faim! » Mais le jeune homme et la dame se taisent. Ils ont fini. Ils s'inclinent vers la salle, dans laquelle ils devinent des juges qu'ils ne peuvent d'ailleurs distinguer. Le directeur touche son chapeau : « Merci, Mademoiselle! » Ils s'en vont. Deux autres, aussitôt, les remplacent. Cette fois ce sont deux jeunes filles, pas jolies, les pauvres petites. Elles minaudent désespérément débitent un texte inconnu. Je me renseigne : « Ah! parfaitement, *Adrienne Lecouvreur*... » « Est-ce assez toc, ce Legouvé?... » « Merci, Mesdemoiselles! » Elles s'en vont. Deux éphèbes leur succèdent. Éclats de voix tragiques. On dirait les deux frères Mounet parlant dans un chapeau haut de forme. C'est des vers ! C'est une scène de *Ruy Blas !* Les commentaires gouailleurs reprennent : « Ah ! non, des vers, il n'en faut plus ! Pourquoi « pas *Cyrano*, tout de suite ! Est-ce assez toc, ce « théâtre d'Hugo ! » « Merci, Messieurs ! » A qui le tour ? Entre une jeune personne, toute seule, de mise décente, mais toujours disgraciée, hélas ! On dirait une pensionnaire ou une demoiselle de magasin. Toute seule ! C'est donc un monologue ? C'est une pièce de Sully Prud'homme... L'auteur gai proteste avec force : « Pour cent mille balles, j'en ferais autant. » La jeune personne se dissipe.

Encore une autre... Cette fois-ci, malgré nous, nous prêtons l'oreille. C'est qu'elle a une voix merveilleuse, émouvante, variée, musicale ! Et quel œil, quelle bouche expressive ! Quelle justesse de geste et d'accent ! Et puis elle dit de jolies choses. Quoi donc ? Une tirade d'Alfred de Musset. Un peu toc, c'est vrai, mais enfin... il y a là, tout de même, un charme. Nous ne causons plus. Nous sommes inquiets. Songez donc ! C'est peut-être une étoile future. Chacun de nous songe *in petto* : « Elle ferait rudement bien, dans ma pièce ! » Et nous retenons notre souffle, nous désirons tant être émus, nous avons une telle peur d'être dupes !

Non, vraiment, c'est étonnant, je vous assure. Je sens que ma gorge se serre, et une sensation délicieuse, celle d'une larme qui pourrait poindre, m'étreint comme un spectateur quelconque, comme un bourgeois, comme un concierge! Cette jeune femme est Camille, et nous sommes tous Perdiccan. Un peu de jeunesse immortelle vibre enfin, chante enfin sur ces planches. Je suis ravi. Nous sommes ravis. Il y a une tendresse, un respect dans le « Merci » directorial qui salue cette fois l'inconnue. Et le régisseur se précipite, il va prendre l'adresse de celle que nous nommons déjà l'Étoile, la convoquer pour une autre fois. Ce sera pour elle le salut, l'aisance — car elle est pauvre, son visage l'atteste, anémié de jeûne et d'attente — la fortune, qui sait ? la gloire peut-être... A moins que celle-ci, comme tant d'autres, ne soit qu'une étoile filante, et que nous ne nous soyons trompés...

Et le défilé recommence, de nouveau banal, lamentable. Les scènes de Pailleron alternent avec les scènes d'Émile d'Augier. (Est-ce toc, mon vieux! est-ce toc!) *Jean Baudry* coudoie *les Deux Gosses*.

L'argot s'entremêle au lyrisme. C'est un potpourri fabuleux. Et des filles sans nombre viennent là, peu séduisantes la plupart, filles honnêtes et misérables, on le devine à leurs jupes crottées, filles perdues aux toilettes voyantes, cela paraît plus triste encore, elles viennent toutes demander au théâtre un gagne-pain qu'elles supposent facile, moins pénible que de vendre l'amour ou de ravauder dans une mansarde. Et, comme un déclic de guillotine, l'invariable « Merci, Mademoiselle », refrain ironique et bientôt lassé, les expédie vers la petite porte, les renvoie à la rue boueuse, les arrête quelquefois en plein essor. Et le régisseur ne les suit pas pour leur demander leur adresse. Nous autres, nous n'écoutons plus. L'auteur gai nous conte une histoire : comment un ingénieux loustic s'y prit pour déjeuner « à l'œil » dans les tavernes de Montmartre, en distribuant aux patrons d'icelles le prix d'un concours culinaire dont il formait seul le jury. Nous nous tordons. L'auteur gai s'en va, ayant vérifié son effet. Il le placera dans sa prochaine pièce.

Encore un sursaut d'attention. Une créature superbe clôt la liste de ces créatures manquées. Elle n'a pas l'ombre de talent. Mais un corps magnifique s'annonce sous l'humble étoffe d'occasion qui l'habille et qui le dépare. Les yeux, à la regarder, s'allument. On la prie poliment de se taire et de repasser après demain. Ce sera une figurante de choix.

Maintenant, c'est fini tout à fait. On coupe la rampe. La scène redevient un lieu vague semé de chausses-trappes sournoises. Les meules d'or de la toile de fond s'éteignent comme dans un rêve. Nous assiégeons le directeur — car vous pensez bien, n'est-ce pas ? que nous ne sommes pas venus là pour apprendre l'ancien répertoire. Il dit à chacun son mot, bougonne, et se sauve en nous donnant au diable. Je lui jette : « C'est égal, si Hugo, « Dumas, Augier, tous les autres, c'est déjà toc, qu'en « sera-t-il de nous, bon Dieu ? » Il riposte, en haussant ses fortes épaules : « Pas grand'chose, mes « pauvres enfants ! » et disparaît au pas de course.

Par les mystérieux dédales, sur la pointe des pieds par habitude, je m'achemine vers la sortie. Voici la rue. La nuit est tombée. Des lampes luisent derrière les vitres, des camelots hurlent, un tramway mugit. Je gagne l'immense cohue qui se déroule sur les boulevards autour des boutiques de joie plantées là pour le jour de l'an et pleines de jouets d'enfants patronnés par M. Lépine. Et je songe, en jouant des coudes parmi les passants affairés, que leurs destinées et la mienne sont pareilles aux pauvres filles que je viens de voir tout à l'heure apparaître et puis s'éclipser aux douteuses lueurs de la rampe : ombres fugaces qui traversent le champ lumineux de la vie, balbutient tant bien que mal un bout de rôle sans savoir si Quelqu'un les écoute, et rentrent tout à coup dans l'ombre, vers quoi? — vers quoi?

V
LA MISSION DU DRAME

V

LA MISSION DU DRAME

L'HÉROISME AU THÉATRE [1]

A G. Clémenceau.

MESDAMES, MESSIEURS,

Je m'imagine un Grec de la grande époque — au ve siècle avant Jésus-Christ — au soir de ces spectacles qui ont immortalisé les noms des poètes Eschyle et Sophocle. Cet homme, cet Athénien — poète lui-même ou philosophe — je me le figure debout sur un des gradins les plus hauts de l'hémicycle granitique, tandis qu'à ses pieds le peuple s'écoule avec un murmure d'orage dans la nuit lentement survenue. Tous sont partis, il demeure seul au sommet du cirque envahi par l'ombre, au fond duquel la scène est vide qu'animait tout à

[1] Conférence prononcée à l'*Aula* de Genève, le 10 mars 1902.

l'heure le chœur tragique. Et dans son esprit il revoit chaque péripétie du drame : c'est Prométhée lié au roc, plus grand que les dieux qui l'enchaînent, annonçant un avenir meilleur ; c'est Œdipe, les yeux crevés, s'enfonçant vers l'exil lamentable ; c'est Electre évoquant Agamemnon avec des libations funèbres; c'est Oreste en proie aux Erynnies, enfin délivré par un dieu ; c'est l'ombre exquise d'Antigone proclamant les lois non écrites... En ces figures, tout un peuple assemblé vient de goûter la joie sublime de reconnaitre ses légendes, les fictions dès longtemps consacrées par la bouche de ses Aèdes. Mais lui, le spectateur attardé, y discerne encore autre chose : je veux dire l'âme plus divine, la philosophie imprévue qu'y exprima le dramaturge. C'est à ce sens caché du drame, c'est au son des paroles nouvelles qu'il songe dans le crépuscule. Et, quand il se décide enfin à rejoindre la foule humaine éparse aux rues de la cité, c'est d'un autre œil qu'il envisage les tableaux mouvants de la vie. Un voile, pour lui, s'est déchiré. Son âme, au pur foyer tragique, s'est allumée comme un flambeau. Il emporte avec soi désormais une notion plus sacrée du destin, un viatique amer d'héroïsme. Je parle d'un rêveur solitaire. Mais soyez sûrs que les plus humbles ont, eux aussi, participé, selon leur sensibilité plus fruste, à ces vibrations fécondes. Ainsi le poète dramatique savait alors captiver ensemble toutes les classes du corps social ; il faisait adorer en un même symbole tout ce qui depuis lors a fait l'objet de cultes divers opposés parfois, le passé et l'avenir de la race, la la cité, les dieux et l'homme lui-même. Heure unique de jeunesse radieuse et d'équilibre bienheureux vers laquelle nous tournons la tête avec un regret impuissant...

Depuis lors, en effet, aucun peuple n'a renouvelé le miracle. Des hommes de génie, çà et là, ont édifié dans chaque nation quelques œuvres d'art colossales. Mais aucune de ces œuvres n'enferme en soi l'effort total d'une époque, aucune ne sut être à la fois, comme les prodiges de l'esprit grec, un patriotisme, une éthique et une religion. Cela tient à ce fait, avant tout, que le Christianisme, religion régnante, n'eût pas toléré d'être mêlé aux fictions humaines. Il a fait une coupure profonde entre la nature et l'idéal, les choses profanes et les choses saintes. L'Église s'est arrogé le droit exclusif de commenter le mystère du monde, laissant à l'art l'emploi frivole de toucher et de divertir. De là, chez les plus grands poètes de la période chrétienne, en ce qui touche ce domaine interdit, une sorte de barrière abrupte, je ne sais quelle sécheresse inféconde. Shakespeare et Gœthe, par exemple, créateurs d'Hamlet et de Faust, je les compare à des pyramides qui projettent leur ombre sur un désert, plutôt qu'à des temples hospitaliers où viennent communier les hommes. Seul peut-être Richard Wagner a tenté victorieusement d'abolir ce fatal divorce entre l'art, vision humaine, et le royaume de l'au-delà. Mais ce magicien, ce monstre, avait lui seul à son service les exorbitantes ressources de la parole articulée et de la musique, du chant. Quoiqu'il en ait pensé lui-même, il nous apparaît déjà comme un isolé plutôt que comme un précurseur.

Et cependant l'Humanité ne renonce pas à son rêve. A chaque époque, la plus sceptique, la plus négative en apparence, s'élèvent des voix qui réclament la résurrection du Songe antique, l'éclosion des beaux poèmes où s'allieront la Vie et la Foi. Inutile de vous rappeler, je pense, que nos purs classiques français n'ont pas ignoré ce souci : Polyeucte, Athalie, Don Juan en sont d'assez beaux témoignages. Et, de nos jours, le seul écrivain qui ait osé renouveler, au moins dans la poésie lyrique, cette hardie conception de l'art, est celui même dont la France vient de célébrer le centenaire avec un bruit d'apothéose : vous nommez tous Victor Hugo.

Je voudrais examiner devant vous quels vestiges de cette tradition subsistent, à l'heure actuelle, dans le cerveau de nos artistes, quels efforts sont tentés, au théâtre, pour donner de l'homme une image complète, à la fois sublime et vivante. Je sais que cette entreprise, dès l'abord, pourrait provoquer des sourires. Il y a très loin du tableau que nous évoquions tout à l'heure — le théâtre hellène enflammé par les splendeurs du crépuscule — à ces étroites salles de spectacle décorées d'or et de velours rouge où des bourgeois congestionnés par une atmosphère irrespirable viennent le soir dilater leur rate, oublier la Bourse ou la Chambre au choc de joyeux quiproquos. Je n'oublie pas que le Théâtre moderne, selon le mot du grand Berlioz, prêtre mort sans trouver d'autel, « le Théâtre est à la Musique — entendez à la Poésie — *sicut amori lupanar* ». Mais, si faibles que soient les rayons qui pénètrent dans ce repaire, ils attestent l'invincible idéal. Et le nombre est plus grand qu'on ne croit de ceux qui ne se résignent pas à cette bassesse ambiante et que hante un désir inassouvi. Ils se costument en bouffons pour éviter les pommes cuites, mais ils méditent des revanches. Je vous demande votre bienveillance pour peser leur chance de succès.

Deux écoles d'art bien distinctes se disputent pour l'instant la scène française : le Romantisme et le Réalisme. Vous en connaissez les caractères. Le Romantisme, issu de Shakespeare et de la Tragédie classique, tout en affichant un retour à la nature et à la vérité, voulut, crut d'une ardeur sincère instaurer un Drame héroïque. Il suffit, pour s'en convaincre, de relire la célèbre préface de Cromwell, où, par sa fougueuse critique des trois unités, par son apothéose du grotesque en art et de la couleur locale, par son analyse éloquente du dualisme chrétien, Victor Hugo, à son de trompe, annonça une esthétique nouvelle. Le résultat fut, par malheur, très loin de répondre à la prophétie. Le drame romantique, de l'aveu général, est chose caduque dans l'œuvre énorme du plus grand des lyriques modernes. Il n'a fait que remettre à la scène es oripeaux de Shakespeare. Ses héros, à qui manquent à la fois la vraisemblance historique et la profondeur morale, ne sont que des fantoches boursouflés qui empruntent à la seule magie du langage une vague apparence de vie. La récente reprise des *Burgraves* est venue en donner une dernière preuve : le public, encore attiré par la réclame de la presse et par la gloire d'un grand nom, ne se passionne plus pour de bon en faveur de ces ombres grandiloquentes. Le cor d'Hernani, comme celui de Roland, n'éveille plus pour nous, au fond du passé, que l'écho de batailles lointaines.

Cet échec du génie romantique au théâtre est dû d'abord, c'est évident, au caractère même de ce génie, plus subjectif que créateur, plus oratoire qu'impersonnel. M. Renouvier, dans son beau livre sur Hugo poète et philosophe, a montré, par une analyse très fine, que le propre de la pensée romantique est, au lieu de se laisser guider par les concepts de la raison, d'obéir uniquement à l'image, aux suggestions de la rime. Nos classiques traduisaient en vers — souvent non sans peine, Boileau nous le dit — un dessein conçu d'avance en prose. Le romantique, à peine bridé par une vague idée générale, se laisse aller aux coq-à-l'âne de sa fantaisie souveraine. Ce procédé peut donner, en poésie lyrique, des merveilles d'associations imprévues. C'est le miracle de la rime, célébré par Sainte-Beuve et Banville. Mais le drame est, avant tout, le royaume de la logique et de la volonté. On peut donc dire, sans rien forcer, qu'il y a une contradiction intime, fatale, entre le vers à rime riche, instrument favori du romantisme, et l'expression, le développement scénique d'une pensée et d'un caractère.

A cette première cause de faiblesse, il faut joindre une confusion plus dangereuse encore. Je la relève dans une note de ce même Cromwell où, parmi beaucoup de vues ingénieuses, je trouve ces lignes significatives empruntées par Hugo à Gœthe : « Il n'y a pas à proprement parler, dit « Gœthe (*Sur l'Art et l'Antiquité*), de personnages « historiques en poésie. Seulement, quand le poète « veut représenter le monde qu'il a conçu, il fait à « certains individus qu'il rencontre dans l'histoire « *l'honneur de leur emprunter leurs noms* pour les « appliquer aux êtres de sa création. » C'est, Messieurs, la pure théorie classique. Hugo s'en étonne outre mesure. Il croit à un lapsus de Gœthe. Toute l'erreur du romantisme est dans cet étonnement d'Hugo. Tandis que Racine et Corneille (qu'ils en eussent ou non conscience) peignaient des hommes de leur temps sous la défroque romaine ou grecque, et par là ont laissé d'immortels poèmes, malgré les froideurs de la convention, le Romantisme s'est ingénié à ressusciter des époques défuntes. Il a pris le mirage pour la réalité. Il a restitué des décors d'antan, des costumes, des apparences mortes, toute une cohue pittoresque. Il n'a oublié que les âmes. Impuissant à atteindre la vérité passée et dédaigneux de la vérité présente, il n'a créé qu'un genre bâtard dénué de pensée organique et de vérité éternelle. Ce système — avec du génie — peut bien suffire à brosser les fresques d'une Légende des siècles épique. Il ne saurait créer un drame.

Le Réalisme, lui, procède du vaste mouvement d'enquête sincère auquel nous devons le roman moderne. Ici, nulle prétention d'exprimer un idéal quelconque. L'artiste ne veut que transcrire les spectacles qui l'ont frappé. Le réalisme a pour ancêtre Balzac, Titan fiévreux et solitaire, dont on ne sait trop, en effet, s'il a dépeint le monde qu'il avait sous les yeux, ou bien si ce monde, après coup, ne s'est pas modelé sur ses fictions. (C'est ainsi que le peintre Whistler, se promenant au bord de la Tamise par une matinée de brouillard, constata, dit-on, avec un sourire : « La nature commence à copier mes tableaux. ») Il a pour théoricien Émile Zola, dont l'ambition fut de plier l'artiste aux procédés scientifiques d'expérience et d'observation, fut, comme il l'a exposé en plusieurs volumes, avec sa brutale maîtrise, « de faire de la sociologie pratique ». Méthode que ses propres romans, d'une irréalité superbe, démentent presque à chaque page. Il n'importe. Avec ses formules contestables, ses analogies arbitraires entre le savant et l'artiste, cette doctrine nous a rendu un très grand service : elle a enfin tourné nos yeux vers le présent et vers la vie. Née d'une réaction salubre contre le bric-à-brac romantique, elle nous a vraiment apporté une matière d'art toute neuve. C'est grâce au réalisme, en somme, que nous commençons à entrevoir les beautés du monde qui nous entoure.

Mais si cet effort a suscité toute une littérature féconde, on ne peut pas dire avec certitude qu'il ait triomphé au théâtre. Nous assistons précisément aux efforts, aux tâtonnements de toute une génération soucieuse de vérité et d'exactitude, qui réussit malaisément à se faire accepter à la scène. C'est que le Théâtre, encore une fois, ne vit que de conflits psychologiques, de l'étude des mœurs et des caractères, de l'analyse passionnée des âmes. Or le réalisme, jusqu'ici, s'est attaché à reproduire les aspects changeants de la nature, les milieux où s'agite l'homme aux dépens de l'homme lui-même. Le Théâtre, comme l'a dit Henry Becque, le Théâtre est « l'art des sacrifices »; et le réalisme, précisément, fait profession de tout dire, de photographier l'univers, d'ignorer les nécessités du choix. Bien plus, il n'a voulu observer, sous prétexte de documents certains, que les types sociaux les plus vulgaires, sans comprendre qu'un seul cœur de héros en dit plus long sur l'humanité que mille biographies de pleutres. Il a cru, il a laissé croire que vérité et médiocrité étaient forcément synonymes, ou bien alors il s'est complu, par une manière de gageure, à la peinture de vilenies exceptionnelles. Il a fait collection de monstres. Et la foule aime encore mieux un idéalisme arbitraire — fût-ce l'ignominieux mélodrame ! — que ce parti-pris de laideur et de dénigrement hostile. Ce n'est pas moi qui l'en blâmerai.

Ainsi des héros de carton, sans logique et sans émotion vraie, d'une part — de l'autre des portraits ressemblants, certes, mais sans beauté, sans passions ferventes, voilà ce que nous offre, ou peu s'en faut, l'art dramatique français moderne. De part et d'autre, bien entendu, un talent de forme admirable, des prestiges de jonglerie verbale, des prouesses d'habileté scénique. Mais nulle part l'étincelle sacrée, une larme qui coule, un cœur qui bat. Il ne faut pas trop s'étonner que l'humanité mécontente se détourne de cette double image, où factice ou désenchantée, et que le Théâtre, aux yeux d'une élite ne soit plus qu'un art inférieur. Cela tient à ce qu'il néglige, oublie ou dédaigne sa mission.

Est-ce à dire qu'aucune tentative ne soit faite dans le sens que j'indique, ne s'efforce de concilier une description animée du monde avec le sens de l'héroïsme et de la vérité supérieure ? Il s'en faut, et de beaucoup. Tentatives éparses, individuelles, sans lien, mais qu'un souffle ardent vivifie.

Je signale, en première ligne, la campagne obstinée grâce à laquelle nos auteurs — sinon le public — ont pu se familiariser avec les chefs-d'œuvre d'Ibsen, de Bjornson, de Tolstoï, d'Hauptmann, où nous trouvons, précisément, ce mélange de pensée et de vie, cette force et cette profondeur qui parfois — ils l'avouent — font défaut à nos habiles dramaturges. Ce n'est pas le lieu de discuter quelle relation ces œuvres puissantes, mais souvent étranges et obscures, peuvent avoir avec la pensée française, éprise de logique et de clarté. Leur influence, malgré les colères, le parti-pris de réaction de ce qu'on pourrait appeler le nationalisme littéraire, m'apparaît indiscutable. Ce n'est pas en vain qu'on entre en contact avec tant de sérieux et de grâce, de science humaine et d'ingénuité. Un trouble en demeure à ceux même qui se fient le plus aux recettes courantes de la cuisine théâtrale. Ils ont senti passer un souffle, ils ont entrevu « autre chose », un génie, un royaume inconnus. Il est clair que des pièces françaises, pour être goûtées d'un public français, devront être parées toujours des précieuses qualités de la race : ordre, précision, limpidité. Mais l'erreur, à mon sens, est de croire que ces qualités soient exclusives de celles que nous admirons chez autrui. Il ne s'agit pas d'adapter une forme littéraire quelconque, d'imiter, par exemple, le procédé symbolique par lequel Ibsen vieillissant se plaît à nous entraîner avec lui dans les méandres de son rêve. Il s'agit d'être ouvert au monde mystique qui est accessible à tout homme, et de l'exprimer selon l'instinct aveugle que chaque artiste porte en soi. En ce sens la poésie scandinave a beaucoup fait pour nous rappeler ce que Schérer définissait — à propos de votre Amiel — «le pays des visions ineffables et des divines tristesses ». Il faut donc remercier ceux à qui nous devons d'être initiés — presque malgré nous, avouons-le — à cette âpre et fière pensée :

Antoine, fondateur du Théâtre Libre, et Lugné Poé, directeur de l'Œuvre, que vous entendîtes ici même défendre, mieux que moi, sa propre cause.

Ces auteurs ne sont pas les seuls qui fassent l'orgueil de nos soirées. Parmi les nôtres, qui excellent d'ordinaire auróle, nullement méprisable d'ailleurs et difficile entre tous, d'amuseurs publics, plusieurs par éclairs ont montré ce dont leur talent serait capable s'ils avaient un autre auditoire ou une différente ambition. Les Hervieu, les Brieux, les Ancey, les Jullien, les Mirbeau, les Descaves nous ont offert des drames poignants où l'intérêt des questions en jeu s'allie à la grâce émouvante, à la nouveauté des tableaux. Entre tous François de Curel, aristocrate désœuvré descendu lui aussi dans le cirque où son apparition étonne, a su passionner le public aux éloquentes confessions d'une âme hautaine et troublée. Et, derrière eux, c'est toute une pléiade de jeunes gens enthousiastes que la vie, selon le mot d'Aristote, n'a pas encore « passés au rouleau » et qui veulent tenter à leur tour l'incertaine et belle gageure. C'est Maeterlinck, poète exquis, expert au caprice des féeries, en qui s'incarne l'art subtil de l'école dite symboliste. Ce sont Émile Fabre, Romain Rolland, Lucien Besnard, Eugène Morel, Fernand Gregh, Henry Bérenger, qui, sans souci d'une commune formule, cherchent, chacun à sa manière, à réaliser au théâtre une synthèse du rêve et de l'action. Et d'autres, plus ambitieux ou plus impatients des contingences, proclament les scènes parisiennes trop mercantiles pour accueillir le drame généreux qu'ils souhaitent, et s'efforcent de susciter un peu partout, à Paris, en province, une renaissance populaire. De là ces projets de Théâtres du Peuple qui reviennent périodiquement dans nos journaux et nos revues; de là les solennités d'Orange où l'on a salué — un peu vite — une résurrection de l'art antique et un succédané de Bayreuth; de là, en Bretagne, en Lorraine, ces essais de décentralisation dont la tentative de Maurice Pottecher à Bussang reste l'œuvre la plus prospère et la plus significative.

De tous ces efforts, de tous ces programmes, de toutes ces inquiétudes diverses, est-il possible de dégager une conception générale qui annonce un âge créateur ? La France a connu, avec le romantisme, une merveilleuse floraison lyrique; elle a donné, par le roman réaliste, de Balzac à J.-H.

Rosny, tout un cycle d'épopées modernes. Il serait assez naturel, de par les lois d'évolution chères à M. Brunetière, qu'elle vit éclore aujourd'hui quelque grande période d'art tragique. Et il semble bien, en effet, que les activités nouvelles se portent surtout de ce côté. Est-il possible, en réservant l'immense inconnu du génie, d'indiquer le sens au moins probable de ces activités frémissantes ? Je vais, s'il vous plaît, l'essayer.

Je voudrais prévenir, avant tout, un fâcheux malentendu. De ce que les essais d'art nouveau empruntent souvent à nos luttes sociales des thèmes, des conflits pittoresques, on se hâte à l'envi d'en conclure à l'avènement d'un art « social », politique et prédicant. Ses adversaires, en ce point, trouvent un triomphe facile. Ils démontrent, sans beaucoup de peine, que les conférences, au théâtre, provoquent un ennui manifeste, qu'un tempérament apostolique, en notre république bavarde, a d'autres occasions de s'épancher, ils opposent des joutes oratoires, toujours plus ou moins fastidieuses, à l'éternel frémissement de l'amour et des passions humaines, et ils concluent avec une joie féroce à la pérennité du vaudeville. Victoire, vraiment, trop commode! Non, Messieurs, l'art de l'avenir pas plus que celui du passé ne peut s'asservir à défendre une thèse, à faire prévaloir une doctrine, ne peut prétendre rivaliser avec le discours ou le sermon. Ce serait tomber précisément dans l'erreur que nous signalions chez les romantiques et les réalistes : ce serait prendre comme but de l'art une cause *extérieure à l'homme* (moyen âge, nature, socialisme), une idée, une notion abstraite. Ce serait lâcher la proie pour l'ombre.

Le but de l'art — ai-je besoin de le dire? — n'est pas de raisonner, de prêcher, de convaincre, mais d'émouvoir. Il est de faire naître la joie, joie du rire ou joie des larmes, car il y a, comme disaient les Grecs, une sorte de délivrance auguste, une purification brûlante dans le spectacle désintéressé, ennobli, des douleurs humaines. L'art est le témoin passionné, tragique ou léger, d'une époque, qui garde pour les époques futures, plus lumineuses que la nôtre, l'image de nos désespoirs, de nos désirs, de nos combats. Il n'existe pas d'art social. Il n'existe qu'un jeu sublime, un chant intérieur de l'âme. Il n'existe qu'un art humain, qui revendique le droit, par exemple, de ne pas être confiné dans les intrigues amoureuses et les adultères bourgeois, mais de faire de la beauté avec toute notre misère, de refléter l'homme tout entier.

Formule bien vague, direz-vous peut-être, bien

vieille. Plus que vieille, éternelle. Elle peut s'appliquer tour à tour à l'effort de chaque contemplateur qui sut, en une fiction vivante, enfermer soi-même et autrui. Je ne la cite que pour écarter les soucis parasites où d'autres s'attardent. Mais à quoi distinguera-t-on l'œuvre de demain de l'œuvre d'hier, puisque chacune, par définition, a le même objet : glorifier l'Homme ? A ceci : que, l'Homme changeant sans cesse, le portrait se transforme avec lui. L'humanité, selon le mot de Pascal, n'est qu'un grand cerveau sans cesse en travail. A chaque âge de l'humanité convient donc une esthétique neuve. La nôtre, s'il faut définir une ébauche à peine formée, me paraît se reconnaître à ce fait qu'elle s'attaque directement à l'homme moderne tel qu'il est, au lieu de chercher à se faire entendre, comme les poétiques anciennes, sous le voile de l'histoire ou de la légende. Seule jusqu'ici la Comédie avait osé, d'un crayon hardi, peindre sur le vif la vie réelle. De là l'incomparable attrait des fresques endiablées de Molière. Aujourd'hui la Tragédie même ne croit plus les décors d'autrefois nécessaires à sa dignité et s'efforce de nous faire sentir la mystérieuse splendeur de nos actions les plus humbles. Ou plutôt c'est enfin le Drame, synthèse de deux genres arbitraires, qui prétend reproduire à la fois l'apparence et le fond de la vie, ce mélange pitoyable et sacré de faiblesse et de grandeur, de ridicule et d'héroïsme, ce choc animé de contrastes qu'est la créature imparfaite en quête de son devenir, — le Drame, réaliste par sa matière et classique par ses procédés.

Nous avons perdu de vue, semble-t-il, ces belles fêtes helléniques dont je rappelais le souvenir au début de cette causerie. Quel rapport entre l'art épique dressant l'homme en face des dieux dans l'enceinte couronnée d'azur libre et celui qui fait s'agiter, dans le cercle étroit d'une rampe électrique, des fantômes habillés comme nous, ayant notre aspect, notre taille, et dont le sobre et rapide langage ne peut guère s'accommoder des longues périodes du rythme ?

Il y a, Messieurs, cette fraternité que, si le dramaturge l'ose, les bons hommes de noir vêtus comme les héros aux blanches chlamydes peuvent, avec non moins de force, incarner le tourment d'être au monde et de se demander pourquoi. Naguère encore, à ces questions, la métaphysique chrétienne se permettait seule de répondre, en son langage absolu. Vous savez qu'elle est loin, aujourd'hui, de satisfaire toutes les âmes. Nous sommes à une époque troublée, et par là d'autant plus tragique, où meurt une foi séculaire, où s'élabore une foi nouvelle. L'homme se retrouve face à face avec l'énigme de sa vie, comme Œdipe, fils de Laïus, au carrefour de la route de Thèbes, se trouvait seul devant le sphinx. On peut dire qu'avec la science, mère du songe panthéiste, un nouveau Paganisme renaît, plus magnifique que l'ancien, qui se mêle dans le cœur des sages au culte, enfin humanisé, de Celui qui mourut sur la croix.

Pour exprimer ces conflits semblables à ceux qui hantèrent les vieux Tragiques, les moyens, certes, sont différents. L'Univers ne tient plus sur la scène. C'est qu'autrefois il était si borné que, de la montagne d'Olympe à la colline de l'Acropole, on pouvait l'évoquer tout entier. Aujourd'hui l'infini béant, plein d'astres qui défient la pensée, déborde l'étreinte illusoire de n'importe quel effort humain. En revanche, le royaume intérieur de l'Être s'est élargi de tout l'espace dont notre orgueil, fait d'ignorance, s'est vu soudain dépossédé. Les dieux se sont évanouis comme des fumées capricieuses. La conscience humaine est devenue immense comme le problème du destin. L'homme seul, infime et plus grand, enferme en sa poitrine mortelle toutes les batailles mystiques qu'il projetait naguère hors de lui. Il commence à peine à s'apercevoir qu'un solennel silence cosmique remplace la foule bruissante dont lui-même, chrétien ou païen, s'était ébloui, puis épouvanté. Dans ce désert un viatique lui reste : l'idée que ces images sublimes n'étaient que l'ombre de son âme, et que cette âme peut donc, elle seule, réaliser tous les prodiges qu'il avait attendus d'un Sauveur. Il conçoit enfin, ce passant d'une heure en marche vers l'au-delà inconnu, qu'il est le dernier né des dieux. Aussi arrache-t-il le masque dont il se parait à Olympie pour causer la terreur ou la pitié. Il laisse tomber le cothurne dont il exhaussait sa stature. Il a compris que rien n'est puissant, sur une assemblée d'hommes libres, comme l'apparence de l'homme, que rien n'est plus beau qu'un visage pour faire éclater la splendeur et la tristesse du Destin.

Voilà ce que peut nous faire sentir le Drame conscient de sa force. Il ne s'agit pas, vous le voyez, de prôner un système ni d'instaurer un dogme. Il s'agit d'un sentiment musical — sentiment du mystère de la vie — qui renouvelle, pour qui le possède, la valeur de toute action humaine, donne à chaque geste un sens imprévu. Ce drame, je n'ai pas à décider si son avènement aura lieu parmi les appétits mesquins d'un public surtout recruté chez une classe de jouisseurs égoïstes, avec le système commercial qui fait du théâtre actuel la plus incertaine industrie, ou si, comme d'aucuns le prétendent, il faudra lui dresser un temple sur les collines de nos cités. Je sais bien que, si jamais il s'affirme, il suscitera les adeptes qui assureront sa victoire. Le Critique, là-dessus, doit se taire. C'est ici le domaine de l'Artiste, du silence, du mystère créateur.

Ce que j'ai, Messieurs, voulu dire, c'est ma confiance assurée en cette future éclosion du Drame appelée par notre Michelet en ces termes pleins d'une joie orgiaque: « Des fêtes! donnez-moi des « fêtes, des drames, des choses fictives plus nobles « que ce que je vois!» Trop de signes divers la présagent, trop d'esprits ardents s'y appliquent pour que ce bel espoir avorte. Ce n'est pas seulement à Paris, c'est chez tous les peuples artistes, les Latins comme les Saxons, que ce mouvement se dessine, car l'Europe entière, aujourd'hui, collabore à la même œuvre d'art. Ibsen et Bjornson en Norwège, le vieux Tolstoï en Russie, Hauptmann et Sudermann en Allemagne, d'Annunzio en Italie, poursuivent le même idéal d'un art héroïque et moderne. Laissez-moi souhaiter que la France, dont le clair flambeau si souvent fit le geste annonciateur, la France qui n'est plus sans rivale pour les attributs de la force, mais dont la pensée inquiète a d'incalculables réserves, ne se laisse pas devancer dans cette joute glorieuse, et que la couronne de myrte rajeunisse encore son front!

TABLE DES MATIÈRES

I

LA MISSION DE L'ARTISTE : Alfred de Vigny........ 3

II
Auteurs étrangers

L'Art selon Tolstoï............................ 43
Le Drame Etranger à Paris : Ibsen, Bjornson..... 73
Un réaliste allemand : Gerhart Hauptmann...... 93
Le Théâtre de Max Nordau..................... 111

III
Auteurs français

Maurice Mæterlinck........................... 133
Georges Ancey................................ 141
Paul Hervieu.................................. 157
François de Curel............................. 165

IV
Notes et impressions

De Dumas à Rostand........................... 183
Les Médecins au Théâtre...................... 195
Décadence.................................... 207

Le Théâtre du Peuple............................ 215
Les Fêtes d'Orange............................. 225
Auditions..................................... 230

V

LA MISSION DU DRAME : l'Héroïsme au Théâtre... 243

Poitiers. — Imp. BLAIS et ROY, 7, rue Victor-Hugo.

www.ingramcontent.com/pod-product-compliance
Lightning Source LLC
Chambersburg PA
CBHW050322170426
43200CB00009BA/1423